Kontaktstudium Wirtschaftswissenschaft

Kontaktstudium Wirtschaftswissenschaft

Herausgegeben von Prof. Dr. W. König und Prof. Dr. G. Kucera
Wissenschaftliche Leitung: Dr. K. Müller
Seminar für Handwerkswesen an der Universität Göttingen
Forschungsinstitut im Deutschen Handwerksinstitut

1993
Auslandsmärkte für deutsche Handwerksunternehmen

Mit Beiträgen von
K. Müller, M. Kalhöfer, G. Winkler, E. Rieckhof, R. Gergen, A. Löffler,
W. Steller, Th. Wershoven, A. Meyer, H. Schmidberger

Bearbeitung:
Klaus Müller

Verlag Otto Schwartz & Co · Göttingen · 1993

Gedruckt als Veröffentlichung des Seminars für
Handwerkswesen an der Universität Göttingen
Forschungsinstitut im Deutschen Handwerksinstitut e. V.

Die Deutsche Bibliothek — CIP-Einheitsaufnahme
Auslandsmärkte für deutsche Handwerksunternehmen /
[gedruckt als Veröffentlichung des Seminars für
Handwerkswesen an der Universität Göttingen,
Forschungsinstitut im Deutschen Handwerksinstitut e. V.]. Mit Beitr. von K. Müller . . .
Bearb.: Klaus Müller. — Göttingen : Schwarz, 1993
(Kontaktstudium Wirtschaftswissenschaft ; 1993)
ISBN 3-509-01631-9
NE: Müller, Klaus; Universität <Göttingen> / Seminar für Handwerkswesen; GT

Das Werk ist urheberrechtlich geschützt. Die dadurch begründeten Rechte,
insbesondere die der Übersetzung, des Nachdrucks, der Entnahme von Abbildungen,
der Funksendung, der Wiedergabe auf photomechanischem oder ähnlichem Wege
und der Speicherung in Datenverarbeitungsanlagen, bleiben, auch bei nur auszugsweiser
Verwertung, vorbehalten.

ISBN 3-509-01631-9

Alle Rechte vorbehalten
Verlag Otto Schwartz & Co., 37075 Göttingen. 1993
Gesamtherstellung: Otto Schwartz & Co., 37075 Göttingen

Vorwort

Der Gemeinsame Europäische Markt als Raum ohne Binnengrenzen führt zu Konsequenzen für alle Teile der deutschen Unternehmenspopulation. Nicht zuletzt für Handwerksbetriebe ergeben sich trotz einer traditionell starken Orientierung auf lokale Märkte beträchtliche Chancen und Risiken.

Der vorliegende Band setzt sich mit den Möglichkeiten jener Handwerksbetriebe auseinander, die bereits Teilnehmer am grenzüberschreitenden Warenaustausch sind oder potentiell dazugehören. Diese relativ kleine Gruppe unmittelbar vom EG-Binnenmarkt betroffener Einheiten exportiert zur Zeit immerhin schon im Wert von mind. 10 Milliarden DM. Prominent sind dabei die handwerklichen Zulieferer und die Kunsthandwerker.

Die Zielsetzung des Bandes liegt darin, einen Beitrag zur Mobilisierung des handwerklichen Exportpotentials zu leisten und deshalb die Möglichkeiten und Grenzen eines verstärkten Auslandsengagements entsprechender Einheiten zu diskutieren.

Vor diesem Hintergrund führte das Seminar für Handwerkswesen an der Universität Göttingen einen Lehrgang für Unternehmensberater von Handwerkskammern durch, der vom 23. bis 25. Juli 1993 in Stuttgart stattfand. Für diese Veranstaltung konnten Referenten gewonnen werden, die sich bereits seit längerer Zeit mit Auslandsmärkten als Absatzpotential handwerklicher Einheiten beschäftigen. Die überarbeiteten Beiträge der Referenten finden sich in der vorliegenden Publikation.

Den Autoren sei an dieser Stelle herzlich für ihr Engagement gedankt.

Göttingen, im August 1993 *Prof. Dr. W. König*

Inhaltsverzeichnis

Klaus Müller
Anforderungen an Untersuchungen über handwerksrelevante
Auslandsmärkte ... 1

Martin Kalhöfer
Gesundheitshandwerk in Frankreich ... 25

Martin Kalhöfer
Der Zuliefermarkt in Frankreich ... 47

Gabriele Winkler
Der Baumarkt in den Niederlanden ... 75

Elke Rieckhof
Der Baumarkt in Belgien und Luxemburg ... 89

Rolf Gergen
Der Baumarkt in Frankreich ... 107

Angelika Löffler
SHK-Marktstrukturuntersuchung Benelux und Frankreich ... 119

Klaus Müller
Grenzüberschreitende Kooperationen im Handwerk
als eine Möglichkeit zur Bearbeitung von Auslandsmärkten ... 133

Werner Steller
Angebot und Verzehr von Brot und Backwaren in Europa ... 159

Theo Wershoven
Struktur und Entwicklungstendenzen im europäischen
Fleischerhandwerk ... 177

Andreas Meyer
Handwerksmärkte in Rußland und Polen ... 191

Hermann Schmidberger
Möglichkeiten und Grenzen von
wirtschaftlichen Aktivitäten deutscher Handwerksunternehmen
in der Tschechischen Republik ... 217

Klaus Müller[*]

Anforderungen an Untersuchungen über handwerksrelevante Auslandsmärkte

---

[*] *Dr. Klaus Müller ist wissenchaftlicher Mitarbeiter am Seminar für Handwerkswesen an der Universität Göttingen*

1. Ausgangslage

Ein Ergebnis der Realisierung des Europäischen Binnenmarktes besteht darin, daß die Märkte in einzelnen EG-Staaten näher zusammenrücken. Die Binnengrenzen der Gemeinschaft werden an Bedeutung verlieren und der Austausch von Gütern und Dienstleistungen, aber auch von Ideen und Know-how wird zunehmen.

Das Handwerk ist bislang nur zu einem geringen Teil in diesem Prozeß eingebunden. Dies liegt sicher primär daran, daß die meisten Handwerksbetriebe wegen ihrer speziellen Leistungsstruktur nur auf eng begrenzten regionalen Märkten agieren. Eine nicht unbedeutende Anzahl von Handwerksbetrieben bietet aber auch Güter und Leistungen an, die potentiell für einen internationalen bzw. innergemeinschaftlichen Austausch in Frage kommen. Dies bestätigen Untersuchungen, die sich mit dem Exportpotential im Handwerk befaßt haben (vgl. König, W., Müller, K., Sauer, J. 1990).

In diesen Untersuchungen wurde ermittelt, daß eines der größten Probleme der potentiell für einen Export geeigneten Handwerksunternehmen darin liegt, daß diese nicht wissen, ob ihr Angebot auf den Märkten im Ausland auf Interesse stößt und auch konkurrenzfähig ist. Mit anderen Worten, den Betrieben fehlen ausreichende Informationen über die ausländischen Märkte und ihnen ist nicht bekannt, welche Möglichkeiten zur Kontaktanbahnung mit ausländischen Abnehmern vorhanden sind (vgl. Sauer, J., 1991, S. 227).

Untersuchungen über handwerksrelevante Auslandsmärkte sind aber auch noch aus einem anderen Grund wichtig. Mit der Realisierung des europäischen Binnenmarktes und der Perspektive auf einen noch engeren Zusammenschluß infolge die Maastricher Verträge erscheint es notwendig, auf europäischer Ebene eine zusammenhängende Politik gegenüber Klein- und Mittelbetrieben bzw. dem Handwerk zu entwickeln. Hierzu gehören genaue Informationen, wieviele dieser Betriebe es in der europäischen Gemeinschaft gibt, wie ihre Märkte strukturiert sind und wie sie sich auf den einzelnen Märkten gegenüber größeren Unternehmen behaupten können. Die einzelnen Handwerker in den EG-Staaten müssen lernen, nicht nur ihren eigenen Markt zu betrachten, sondern über ihren Tellerrand hinauszublicken, um auch von den Verhältnissen auf den anderen EG-Märkten etwas lernen zu können. Nur wenn hierüber genaue Kenntnisse vorhanden sind, lassen sich Konzeptionen entwickeln, wie eine ausgewogene Betriebsgrößenstruktur in der EG realisiert werden kann.

Ein erster Schritt hierzu stellt die Vereinbarung dar, eine "Beobachtungsstelle für kleine und mittlere Unternehmen" zu schaffen. In dieser Beobachtungsstelle arbeiten zwölf Mittelstandsinstitute aus den EG-Staaten zusammen. Für das Jahr 1993 ist ein ausführlicher Bericht über das Handwerk in der EG geplant. Die Federführung liegt hier bei der Handwerkskammer Luxemburg.

2. Bisherige Untersuchungen über handwerksrelevante Auslandsmärkte

Vor dem Hintergrund, daß Kenntnisse über Auslandsmärkte, die für das deutsche Handwerk interessant sein könnten, fast vollständig fehlt, wurden seit wenigen Jahren entsprechende Untersuchungen in Auftrag gegeben.

Eine Aufstellung der bislang durchgeführten und das Handwerk betreffende Marktstudien findet sich in Übersicht 1. Insgesamt wurden bislang neun Marktstudien erstellt, wobei fünf von Handwerkskammern und vier von handwerklichen Fachverbänden in Auftrag gegeben worden waren. Die Studien behandeln ausschließlich die vier westlichen EG-Nachbarstaaten Frankreich, Luxemburg, Belgien und Niederlande (vgl. Übersicht 2). Dabei ist zu berücksichtigen, daß sich das Untersuchungsgebiet bei einigen Studien über Frankreich auf die Regionen Elsaß und Lothringen beschränkt.

Übersicht 1: **Marktstudien über handwerksrelevante Auslandsmärkte**

Nr.	Auftraggeber	Titel	Durchführung	Geldgeber	Fertigstellung
1	AG Handwerkskammern Rheinland-Pfalz	Angrenzende Auslandsmärkte für das rheinland-pfälzische Handwerk	IABG Trier/SfH Gö/ DeBeLux	WiMi Rh.-Pf.	8/92
2	HWK Düsseldorf	Der Baumarkt in den Niederlanden (2. Auflage 1992)	Deutsch-niederl. Handelskammer	WiMi NRW	7/88 (2. Aufl. 5/92)
3	HWK des Saarlandes	Der Markt für Bauleistungen saarländischer Unternehmen im benachbarten Ausland, hier: Frankreich	Socomar	EG-Resider-Programm WiMi	8/91
4	HWK des Saarlandes	Marktanalyse Frankreich für Gesundheitshandwerke	bfai	BMWI Euro-Fit	2/92
5	HWK des Saarlandes	Marktanalyse Frankreich für Zulieferhandwerke	bfai	BMWI Euro-Fit	12/92
6	ZV Baugewerbe (ZDB)	Der öffentliche Baumarkt in Belgien	bfai	BMWI Euro-Fit	12/90
7	ZV Baugewerbe (ZDB)	Der Baumarkt in Frankreich Branchen- und Marktstrukturanalyse - insbesondere des öffentlichen Baumarktes -	ARCONIS	BMWI Euro-Fit	2/92
8	ZV Sanitär Heizung Klima	SHK-Marktstrukturuntersuchung Benelux-Länder	FOWIG ITB	BMWI Euro-Fit	92
9	ZV Sanitär Heizung Klima	SHK-Marktstrukturuntersuchung Frankreich	FOWIG ITB	BMWI Euro-Fit	92

Quelle: Müller, K., 1993, S. 29

Übersicht 2: **Überblick Länder und Märkte von handwerksrelevanten Marktstudien**[1]

	Frankreich	Belgien	Luxemburg	Niederlande
Baumarkt	1,3,7	1,6[b]	1 2	
Märkte für Handwerke der Haus- u. Versorgungstechnik	1,9[a]	1,8[a]	1,8[a]	8[a]
Markt für holz- und kunststoffverarb. Handwerk	1	1	1	
Zuliefermarkt	1,5	1	1	
Markt für Gesundheitshandwerke	4			

1) Die Zahlen beziehen sich auf die Numerierung in Übersicht 1
a) nur SHK-Markt
b) nur öffentlicher Baumarkt

Quelle: Müller, K., 1993, S. 28

Bei einer Unterscheidung nach Branchen stehen eindeutig die Baumärkte im Vordergrund. Diese Märkte wurden ebenso wie die Märkte für die Handwerke der Haus- und Versorgungstechnik für alle vier Länder untersucht. Analysen über den Markt für das Holz- und Kunststoffverarbeitende Handwerk und den Zuliefermarkt gibt es bislang für Frankreich, Belgien und Luxemburg. Eine Studie über die Gesundheitshandwerke wurde bislang nur für den französischen Markt erstellt.

Außer diesen Studien, die direkt auf Handwerksmärkte zugeschnitten sind, sind aber noch andere Untersuchungen von Relevanz, die auch Handwerksfragen berühren. Diese wurden in der Regel von der Bundesstelle für Außenhandelsinformation (bfai) oder der Centralen Marketinggesellschaft der deutschen Agrarwirtschaft (CMA) erstellt. Als Beispiele für diese Studien sind die Untersuchungen über Handwerkzeuge in Frankreich von der bfai und den Markt für Süß- und Dauerbackwaren der EG von der CMA zu nennen.

Die Finanzierung dieser Marktanalysen erfolgte aus verschiedenen Quellen. Am häufigsten konnte die Erstellung durch das Eurofit-Programm des Bundes realisiert werden. In drei Fällen fand eine Unterstützung durch das Landeswirtschaftsministerium statt, wobei in eine Studie noch zusätzliche Mittel aus dem EG-Regionalfonds (RESIDER-Programm) einflossen.

3. Ziele von handwerksrelevanten Marktuntersuchungen

Aus den vorangegangenen Überlegungen zur Ausgangslage und auch aus den schon existierenden Marktstudien lassen sich die Ziele ableiten, die mit den Marktstudien verfolgt werden.

Primär geht es darum, mögliche Exportmärkte für deutsche Handwerksunternehmen zu finden. Dabei stellen sich vor allem folgende Fragen. Wie groß sind Marktpotential und -volumen, wieviel Konkurrenten würden dem deutschen Handwerker gegenübertreten, was für Betriebe sind dies und wie sieht deren Preis- und Kostenstruktur im Vergleich aus?

Zum zweiten sollte berücksichtigt werden, daß sich ein mögliches Auslandsengagement nicht nur auf den Export beschränken muß. Andere Formen einer Auslandstätigkeit stellen beispielsweise Direktinvestitionen (Niederlassung im Ausland), ein Technologietransfer und auch eine grenzüberschreitende Kooperation dar, wobei diese Formen teilweise nicht unabhängig voneinander sind. Da auch diese Formen eines Auslandsengagement zukünftig eine größere Bedeutung aufweisen dürften, sollten sie bei Studien über ausländische Märkte ebenfalls Berücksichtigung finden.

Ein drittes Ziel hat nicht unmittelbar etwas mit einer Bearbeitung eines ausländischen Marktes durch deutsche Handwerksbetriebe zu tun. Es geht hier vielmehr darum, aus der Analyse der ausländischen Märkte Rückschlüsse über mögliche zukünftige Entwicklungen auf den deutschen Handwerksmärkten zu ziehen. Beispielsweise ist es wichtig zu wissen, ob Marktteilnehmer aus dem Ausland ihren Aktionsradius möglicherweise auch auf handwerkliche Märkte in Deutschland ausdehnen wollen oder ob auf den ausländischen Märkten Vertriebssysteme vorherrschen, die sich längerfristig auch auf dem deutschen Markt herausbilden könnten. Eine Entwicklung, die sich heute auf einem Markt in Frankreich abzeichnet, kann morgen unter bestimmten Voraussetzungen auch für den deutschen Markt relevant sein. Je eher sich das Handwerk auf mögliche Tendenzen einstellen kann, desto leichter können geeignete Gegenstrategien entwickelt werden.

4. Marktauswahl

Für die Marktauswahl gilt grundsätzlich, daß je enger der Markt sowohl nach regionalen als auch nach branchenmäßigen Kriterien definiert wird, desto eher können Ergebnisse erzielt werden, die für den einzelnen Handwerker bei der Realisierung seines Auslandsengagements eine wertvolle Hilfe darstellen. Bei der regionalen Auswahl sind primär diejenigen Länder zu berücksichtigen, in die schon heute der Großteil des handwerklichen Exportes läuft. Dies sind zum einen die EG-Nachbarstaaten (Dänemark, BeNeLux, Frankreich) und zum anderen die deutschsprachigen Länder Österreich und die Schweiz (vgl. Sauer, J., 1991, S. 96). Ein nicht unbeträchtlicher Teil des handwerklichen Exportumsatzes wird aber auch in den skandinavischen Staaten und in Großbritannien erzielt. In jüngster Zeit wurden die Geschäftsbeziehungen zu den mittel- und osteuropäischen Staaten, insbesondere der Tschechischen Republik, ausgebaut. Überseemärkte (USA, arabische Staaten) kommen nur für einzelne Handwerksunternehmen mit einem sehr speziellen Angebot infrage.

Da, wie schon erwähnt, der Absatzradius der handwerklichen Produkte in der Regel begrenzt ist, sind insgesamt vor allem diejenigen Regionen bzw. Länder von Interesse, die in der Nähe der deutschen Grenze liegen. Neben den kürzeren Transportwegen spricht hier vor allem für ein Auslandsengagement, daß häufig geringere Sprachschwierigkeiten entstehen, da in den Grenzregionen die Sprachkenntnisse oft größer bzw. die Sprachunterschiede geringer sind. Der grenzüberschreitende Austausch von Gütern und Produkten ist in diesen Regionen schon bedeutend größer als in Gegenden, die relativ weit vom Ausland entfernt liegen.

Auch eine Marktauswahl nach Branchen muß sich primär daran orientieren, welche Handwerkszweige bislang schon am stärksten im internationalen Geschäft tätig sind. Hier sind diejenigen Zweige zu nennen, deren Güter und Produkte international handelbar sind (vgl. König, W., Müller, K., 1990, S. 39 ff). Dies sind vor allem die handwerklichen Zulieferer und das produzierende Handwerk für einen speziellen gehobenen Bedarf (vgl. Sauer, J., 1991, S. 85). Daneben sind noch die Bau- und Ausbauhandwerke von Bedeutung, deren Absatzradius zwar nicht unbegrenzt ist, die jedoch in den Grenzregionen durchaus größere Entfernungen in Kauf nehmen, um Aufträge im Nachbarland zu übernehmen.

Verfolgt man mit einer Marktuntersuchung im Ausland primär das Ziel, mögliche Entwicklungen auf dem deutschen Markt frühzeitig zu erkennen, stellt sich die Frage nach geeigneten Referenzmärkten. Dies könnte beispielsweise ein Markt sein, bei dem bekannt ist, daß Großbetriebsformen des Handels eine bedeutende Rolle spielen (z.B. Augenoptiker in Frankreich).

5. Inhalte von Marktstrukturuntersuchungen

Für die Inhalte von Marktstrukturuntersuchungen über handwerksrelevante Auslandsmärkte wurde eine umfangreiche Checkliste erstellt, um möglichst alle Aspekte, die für eine Marktbearbeitung wichtig sein könnten, zu berücksichtigen. Diese Checkliste ist in folgende sieben Bereiche gegliedert:

A. Marktpotential (mögliche Nachfrage)
B. Marktvolumen (tatsächliche Nachfrage)
C. Konkurrenzanalyse
D. Marktzugangsbedingungen
E. Möglichkeiten der Marktbearbeitung
F. Beschaffungsmöglichkeiten
G. Adressen und weitergehende Informationen

Diese Checkliste ist relativ umfangreich, da sie grundsätzlich für alle Handwerksbranchen Gültigkeit haben soll. Je nach konkreter Struktur der Branche können allerdings Teile der Auflistung weggelassen werden. So sind die Informationen über Privatpersonen und Haushalte sicherlich nicht für die Handwerkszweige relevant, die nur die gewerbliche Wirtschaft als Nachfrager ansprechen.

Die Checkliste ist auch nur primär für die Märkte in Mitteleuropa gedacht. Wird eine Marktanalyse beispielsweise über Märkte in Übersee erstellt, müssen politische Faktoren, wie staatspolitische Daten, politisches System, politische Stabilität, Handelspolitik und die Rechtsordnung im Ausland berücksichtigt werden. Für die deutschen Nachbarstaaten spielen diese Punkte jedoch keine besondere Rolle; deshalb wurden sie hier nicht extra aufgeführt.

Bei allen Feldern in der Checkliste sind, soweit möglich, folgende Daten anzuführen:

- Daten für mehrere Jahre, um Veränderungen deutlich zu machen. Möglichst sollten auch Prognosen hinzugefügt werden

- Regionale Untergliederung, da zwischen den einzelnen Regionen oft beträchtliche Unterschiede bestehen

- Vergleich mit den entsprechenden deutschen Daten, um Größenordnungen besser einschätzen zu können.

Die Checkliste (Seite 11 ff.) ist so aufgebaut, daß neben den Inhalten auch jeweils Indikatoren angeführt werden, wie diese Inhalte zu konkretisieren sind. In vielen Fällen werden es quantitative Indikatoren sein (z.b. Geburten pro 1 000 Einwohner), in anderen Fällen sind jedoch nur qualitative Aussagen möglich (z.B. bei den Zulassungsbedingungen). Ganz links befindet sich eine Spalte, in der angekreuzt werden kann, welche Inhalte für die durchzuführende Marktstrukturuntersuchung von besonderer Wichtigkeit sind. In einer rechten Spalte kann dann beurteilt werden, wie die Ergebnisse im Hinblick auf ein Auslandsengagement von deutschen Handwerksbetrieben einzuschätzen sind.

Im folgenden soll anhand weniger Beispiele dargestellt werden, welche Bedeutung einzelne Inhalte für eine Auslandstätigkeit von deutschen Handwerksbetrieben haben können:

- Pendlerstrukturen (A.2.3) sind deshalb wichtig, weil bspw. Deutsche, die in Frankreich wohnen, relativ häufig deutsche Handwerker beauftragen.

- Entsprechend hat ein deutscher Handwerker auch dann gute Chancen, wenn im Ausland Zweigniederlassungen deutscher Firmen existieren (A.3.1).

- Aus der Vergabepraxis bei öffentlichen Aufträgen (A.4.4) zeigt sich, daß ausländische Anbieter immer noch in vielen Ländern massiv diskriminiert werden.

- Die Höhe der Importe aus verschiedenen Ländern (B.2) weist darauf hin, wieweit der Markt bislang nach außen abgeschottet ist. Insbesondere die Exporte aus Deutschland sind wichtig, da sich hierdurch erkennen läßt, welches Image deutsche Produkte aufweisen.

- Ein Vergleich betriebswirtschaftlicher Kennzahlen (C.6.1) könnte relativ aussagekräftig sein. Auch in anderen Ländern existieren Betriebsvergleiche über Handwerksbranchen. Allerdings sind diese Vergleiche oft mit Vorsicht zu betrachten, da die zugrundeliegenden Angaben der Betriebe nicht in jedem Fall realistisch sind.

- Stundenverrechnungssätze der ausländischen Konkurrenten (C.6.7) können einen Preisvergleich ermöglichen. In der Praxis stößt dies jedoch oft auf erhebliche Schwierigkeiten, da einer Leistung (z.b. Herstellung und Einsetzen eines Fensters) oft unterschiedliche Normen zugrunde liegen. Wenn ein deutscher Handwerker seine Leistungen nach der ausländischen Norm erbringt, bedeutet dies für ihn einen größeren Aufwand, so daß sein ursprünglicher Stundenverrechnungssatz nicht mehr aktuell ist.

- Der Aufwand zur Erteilung einer Gewerbegenehmigung (D.1.1) ist in den einzelnen Ländern sehr unterschiedlich. Der Handwerker muß wissen, ob er bspw. zur Beantragung mehrere Monate wie in Belgien oder nur ein paar Wochen wie in Luxemburg benötigt.

- Die Werbung (E.5.2) muß im Ausland meistens anders als in Deutschland ansetzen. Bspw. spielt in Frankreich TELETEL (das französische BTX) eine sehr wichtige Rolle.

- Auch im Beschaffungsbereich (F.1) kann es sehr günstig sein, den ausländischen Markt zu kennen. Bei einigen Vorprodukten lohnt sich aus Preis-, Qualitäts- oder Verfügbarkeitsgründen der Bezug im Ausland.

Inhalte von Untersuchungen über ausländische Märkte

*(jew. Veränderungen in den letzten Jahren, Prognose;
regionale Untergliederung, soweit möglich und sinnvoll;
Vgl. zu deutschen Daten)*

A. Marktpotential

wichtig	Inhalte	Indikatoren	Beurteilg.
	1. Allgemeine Daten		
	1.1 Wirtschaftsdaten		
	- BIP (pro Kopf)		
	- Inlandsnachfrage		
	- Brutto-Anlageinvestitionen (Bauten, Ausrüstungen)		
	- Inflationsrate		
	- Beschäftigung		
	- Arbeitslosenquote		
	- Leistungsbilanzsaldo		
	- Zinssatz (kurzfr., langfr.)		
	- Löhne / Kopf (nominal, real)		
	- Lohnstückkosten		
	- Anteil Wirtschaftsbereiche		
	1.2 Einwohner (EW)		
	- Bestand		
	- Dichte		
	- Geburten-/Sterbeziffern		
	2. Private Kunden		
	2.1 Haushalte		
	- Bestand		
	- Größe, Struktur (Single, kinderlos, ...)		
	- Einkommen (Entwicklung, Streuung, Sparquote)		
	2.2 Personen		
	- Altersstruktur		
	- Siedlungsstruktur (Stadt/Land)		
	- Einkommen (Entwicklung, Streuung, Sparquote)		
	- ethnische, religiöse Zusammensetzung		
	- Bildungsgrad		
	- Fremdsprachenkenntnisse		
	2.3 Pendler		
	- Einpendler (Zahl, Nationalität)		
	- Auspendler (Zahl, Land)		
	2.4 Fremdenverkehr		
	- Betten		
	- Übernachtungen		
	- Ausgaben der Besucher		
	- Herkunft der Besucher		

SfH Göttingen

wichtig	Inhalte	Indikatoren	Beur-teilg.

	2.5 Verfügbares Einkommen
	   - absolut, pro Kopf, pro Haushalt
	   - evtl. differenziert nach Einkommensklasse, Berufs-
	     gruppen
	   - Ausstattungsgrad mit einzelnen Produkten
	   - Ausgaben für einzelne Produkte, Leistungen
	   - Umsatzpotentiale für einzelne Produkte, Leistungen
	2.6 Konsumgewohnheiten
	   - Kaufhäufigkeiten
	   - Mode/- und Geschmackswandlungen
	   - Preis- und Qualitätsbewußtsein
	   - Image deutscher Produkte
	   - Kaufmotive
	   - regionale Besonderheiten
	
	3. Gewerbliche Kunden
	3.1 Sektoren
	   - Industrie
	   - Handel
	   - freie Berufe
	   - Hotels, Gaststätten
	   - Banken, Versicherungen
	   - sonstige Dienstleistungen
	   - Landwirtschaft, sonstige
	   (Bestand, Produkte oder Leistungen, Betriebsgrößen,
	   Konzentration, Eigentumsformen, Herkunft Eigentümer,
	   Marktstrukturen)
	3.2 Zulieferungen, Investitionen
	   - Wert nach Branchen, Produkten
	   - Bezugsquellen
	
	4. Öffentliche Kunden
	4.1 öffentliche Träger
	   - z.B. Kommune, Kreis, Bezirk
	   - Eisenbahn, andere Verkehrsgesellschaften
	   - Post
	   - Energieversorgungsunternehmen etc.
	4.2 Ausgaben nach Träger
	   - Investitionen
	   - Vorprodukte, Dienstleistungen
	4.3 öffentliche Verschuldung		

SfH Göttinge

Anforderungen an Untersuchungen 13

wichtig	Inhalte	Indikatoren	Beur-teilg.
	4.4 Vergabe von öffentlichen Aufträgen - Ausschreibungsverfahren - Voraussetzung zur Teilnahme - Vergabepraxis 4.5 Zahlungsweise 4.6 staatliche Rahmenbedingungen (Planungs- u. Baurecht) **5. Baunachfrage** 5.1 Nachfragestruktur - Auftraggeber (z.B. private Haushalte, Wohnungsbaugesellschaften, Firmen) - Bauarten (Hochbau, Tiefbau) 5.2 Wohnungsbau - Tätigkeitsbereiche (Ein-, Mehrfamilienhausbau etc.) - Bestand Gebäude - Alt-, Neubau - Zahl Baugenehmigungen - Bestand Wohnungen - Ausstattung (z.B. Sanitär, Heizung, Lüftung) - Reparaturbedarf 5.3 Nichtwohnungsbau Tätigkeitsbereiche (z.B. Fabrikgebäude, Bürogebäude, Gaststättenbau) - Bestand Gebäude - Alter - Zahl Baugenehmigungen - Reparaturbedarf 5.4 Tiefbau Tätigkeitsbereich (z.B. Straßenbau, Erdarbeiten, Brunnenbau) - Größenordnungen - Alter - Nachfrageentwicklung - Reparaturbedarf 5.5 Subunternehmer. Tätigkeit 5.6 Besonderheiten der Baunachfrage - besondere Vorlieben - Wunsch nach besonderen Materialien, Qualitätsstandards etc. - kleine Marktsegmente - Image deutscher Bauleistungen - regionale Unterschiede		

SfH Göttinge

B. Marktvolumen

wichtig	Inhalte	Indikatoren	Beurteilg.
	1. Inlandsproduktion		
	1.1 Menge und Wert nach Branchen, Produkten		
	1.2 Struktur nach		
	- Unternehmen		
	- Beschäftigten		
	- Umsatz, Produktion		
	- Produktqualität (Leistung, Materialwahl, Normen)		
	- Produktausstattung (Größe, Styling, Farben)		
	2. Importe (nach Ländern, Regionen)		
	2.1 Importvolumen nach Menge und Wert, nach Branchen, Produkten, Importanteil		
	2.2 Marktsegmente der Importe		
	2.3 Importeure nach Ländern, Betriebsgrößen		
	3. Exporte (nach Ländern, Regionen)		
	3.1 Exporte nach Menge und Wert nach Branchen, Produkten, Exportanteil		
	3.2 Exporte nach Deutschland		
	4. Selbstversorgungsgrad nach Branchen, Produkten		
	5. Preisentwicklung nach Branchen, Produkten		
	6. Besonderheiten des Marktes		

SfH Göttingen

C. Konkurrenzanalyse

wichtig	Inhalte	Indikatoren	Beurteilg.
	1. Konkurrenzstruktur 1.1 Handwerk, Nicht-Handwerk (Großanbieter, Nebenbetriebe) 1.2 Handwerkl. Abgrenzung, gesetzliche Grundlagen (s. auch E 3)		
	2. Konkurrenzbetriebe 2.1 Zahl der Konkurrenten 2.2 Unternehmensform (Selbständige, Franchise, Zweigwerke, Herkunft, Inhaber) 2.3 Betriebsgrößen (Beschäftigte, Umsatz) 2.4 Regionale Absatzschwerpunkte (Reichweiten) der Konkurrenten 2.5 Betriebsbesatz (Beschäftigte je 1.000 EW)		

	3. Angebot der Konkurrenz
	3.1 Produktpalette (Alter und Qualität der Produkte, Besonderheiten)
	3.2 Preisstruktur (s. auch 6.7)
	   - Durchschnittspreise für best. Produkte, Tätigkeiten
	    (Beachtung der zugrundeliegenden Normen)
	3.3 Service, Besonderheiten
	3.4 Werbung
	   - Volumen,
	   - bevorzugte Werbeträger, Werbemittel		

	4. Betriebsstrukturen 4.1 Ausstattung der Betriebe (Produktionspotential) 4.2 Erscheidungsbild der Betriebe		

SfH Göttingen

wichtig	Inhalte	Indikatoren	Beurteilg.

	5. Management und Personal
	5.1 Qualifikation der Unternehmensleiter
	5.2 Arbeitskräftestruktur (Facharbeiter, an-/ungelernte Arbeiter)
	5.3 Aus- und Fortbildung
	5.4 Fluktuation Mitarbeiter
	5.5 Mentalität
	
	6. Betriebsvergleich
	6.1 Betriebswirtschaftliche Kennzahlen (z.B. Produktivität)
	6.2 Arbeitskosten
	   - Arbeitszeit
	   - Fehlzeiten
	   - Stundenlohn
	   - Lohnnebenkosten
	   - Anteil an Gesamtkosten
	6.3 Steuern
	6.4 Materialkosten (unterschiedl. Normen beachten)
	6.5 Finanzierungskosten
	6.6 Sonstige Kosten
	6.7 Stundenverrechnungssätze
	(Kosten für bestimmte Leistungen, Produkte)
	
	7. Subventionen
	7.1 Existenzgründungsförderung
	7.2 Regionalförderung
	7.3 FuE-Förderung
	7.4 Allgemeine Finanzierungshilfen
	7.5 Programme zur Verbesserung der Umwelt		

SfH Göttinge

Anforderungen an Untersuchungen

D. Marktzugangsbedingungen

wichtig	Inhalte	Indikatoren	Beurteilg.
	1. Durchführung von Arbeiten 1.1 Zulassungsbedingungen - Erteilung der Gewerbegenehmigung - Beantragung einer Mehrwertsteuernummer - Erleichterung bei einmaliger Berufsausübung - Registrierung im Handelsregister - Besonderheiten für das Baugewerbe 1.2 Arbeitsdurchführung 1.3 Aufenthalts- und Meldebestimmungen 1.4 Auftrags- und Zahlungsabwicklung - Auftragsabwicklung - Zahlungsabwicklung und Risikoabsicherung - Kreditauskunft 1.5 Eigentumsvorbehalt 1.6 Gewährleistung **2. Reiner Warenexport** **3. Niederlassung** 3.1 Zulassungsbedingungen 3.2 Aufenthalts- und Meldebestimmungen 3.3 Sozialrechtliche Bestimmungen 3.4 Arbeitsrechtliche Bestimmungen 3.5 Steuerliche Bestimmungen - Lohnsteuer - Einkommen- und Körperschaftssteuer - Grundsteuer **4. Umsatzsteuer**		

SfH Göttinge

wichtig	Inhalte	Indikatoren	Beur-teilg.
	5. Normung / staatliche Regulierung 5.1 Nationale Normung 5.2 Stand der europäischen Normung 5.3 staatl. Regulierungen (Preisfestsetzung, -genehmigung, gesetzliche Bestimmungen der Produktion)		
	6. Öffentliches Auftragswesen 6.1 Ausschreibungsbedingungen (z.B. Sicherheitsleistungen, Ausführungs-fristen, Qualitätssicherung) 6.2 Zulassungen		

SfH Göttinge

Anforderungen an Untersuchungen

E. Möglichkeiten der Marktbearbeitung

wichtig	Inhalte	Indikatoren	Beurteilg.
	1. **Erfolgversprechende Marktsegmente** 1.1 Produkt-, Leistungsgruppen 1.2 Kundengruppen		
	2. **Produkt- und Programmpolitik** 2.1 Anpassung des Produktes 2.2 Kundendienst		
	3. **Preis- und Konditionenpolitik** 3.1 Preiskalkulation 3.2 Zahlungsziele, Rabatte		
	4. **Distributionspolitik** 4.1 Direkter/Indirekter Export 4.2 Handelsvertreter 4.3 Absatzwege		

	5. **Kommunikationspolitik**
	5.1 Persönliche Kommunikation
	5.2 Werbung
	   - Werbemittel
	   - Werbeträger
	   - Besonderheiten der Werbung
	5.3 Messen, Ausstellungen, Verkaufspräsent.
	5.4 Verkaufsförderung, PR		

	6. **Organisation des Auslandsgeschäftes** 6.1 Art des Auslandsengagements (z.B. Ko - operationsmöglichkeiten, Subunternehmer) 6.2 Finanzierungsfragen 6.3 Allgemeine Tips		

SfH Göttinge

F. Beschaffungsmöglichkeiten

wichtig	Inhalte	Indikatoren	Beur-teilg.
	1. **Materielle Güter** (Rohstoffe, Einzelteile und Handelswaren, Ausrüstungen, Verpackung) jeweils nach - Preis - Qualität - Verfügbarkeit - technische Normen 2. **Personal** -2.1 Qualifikation -2.2 Mobilität		

SfH Göttinge

G. Adressen und weitergehende Informationen

wichtig	Inhalte	Indikatoren	Beurteilg.
	1. Firmenverzeichnis		
	1.1 Nachfrager nach eigenen Produkten		
	1.2 Wichtigste Konkurrenten		
	1.3 Anbieter von Vorprodukten und Investitionsgütern (Einkaufsgruppen, Genossenschaften)		
	1.4 Architekten, Planungsbüros etc.		
	1.5 Handelsmittler, Exporthäuser etc.		
	2. Kontaktadressen		
	2.1 Öffentliche Stellen - Kommungen, Kreis, Bezirk, Land - Gewerbe-, Arbeits-, Sozialversicherungsträger etc. - deutsche Stellen im Ausland (Botschaft, Konsulat)		
	2.2 Verbände, Beratungsstellen - Kammern - Innungen, Wirtschaftsverbände - sonstige Stellen		
	2.3 Sonstige - Wirtschaftsförderungsgesellschaften, Regionalverbände - technische Beratungsstellen		
	3. Informationsquellen		
	3.1 Statistische Ämter, Adressen, Veröffentlichungsverzeichnis		
	3.2 bfai		
	3.3 Auslandshandelskammer		
	3.4 Jahrbücher, Adreßbücher,		
	3.5 Publikationen für öffentliche Ausschreibungen		
	3.6 Weitere Veröffentlichungen zur Auslandsmarktbearbeitung		

SfH Göttingen

wichtig	Inhalte	Indikatoren	Beur-teilg.
	4. **Werbeträger** (evtl. mit Auflage, Erschei-nungsweis, Adresse des Herausgebers, Werbepreise) 4.1 Fachzeitschriften 4.2 Tageszeitungen, Anzeigenblätter 4.3 Sonstige Werbeträger, Direktwerbung 4.4 Moderne Kommunikationsmedien		
	5. **Messen und Ausstellungen** 5.1 Termine, Angebot, Aussteller 5.2 Besucherzahlen, Aussteller-/Besucherstruktur, Adressen Messegesellschaften		
	6. **Muster und Informationen zu den Marktzugangsbedingungen** 6.1 Gesetze, Verordnungen, Vorschriften 6.2 Formulare		

Literaturverzeichnis

Durniok, P.G. (1985): Der internationale Geschäftserfolg. Existenzsicherung und Unternehmenswachstum (Arbeitstexte zur Betriebswirtschaft: 3, Marketing; Bd. 3), Bamberg 1985

König, W.; Müller, K. (1990): Der Europäische Binnenmarkt als Herausforderung für das deutsche Handwerk, Göttinger Handwerkswirtschaftliche Studien, Bd. 43, Göttingen 1990

König, W.; Müller, K.; Sauer, J. (1990): Mobilisierung des handwerklichen Exportpotentials in Niedersachsen. Göttinger Handwerkswirtschaftliche Arbeitshefte, H. 23, Göttingen 1990

Kontaktstudium Wirtschaftswissenschaft 1991: Auslandskooperationen im Handwerk, hrsg. v. Prof. Dr. W. König und Prof. Dr. G. Kucera, Göttingen 1991

Müller, K. (1993): Handwerkspolitik für den EG-Binnenmarkt - Aktivitäten der Handwerksorganisationen zur Vorbereitung ihrer Betriebe auf den EG-Binnenmarkt -, Göttinger Handwerkswirtschaftliche Arbeitshefte, H. 28, Göttingen 1993

Rasche, H.O. (1991): Bestandsaufnahme und Analyse eines Marktes. Leitfaden und Checkliste zur Überprüfung der eigenen Chancen und Möglichkeiten am Markt, 4. überarb. Aufl., Stuttgart 1991

Sauer, J.D. (1991): Das Exportverhalten von Handwerksbetrieben - Erkenntnisse aus empirischen Untersuchungen in Niedersachsen -, Göttinger Handwerkswirtschaftliche Studien, Bd. 44, Göttingen 1991

Stahr, G.: Rationale Auswahl von Auslandsmärkten, Praxis des Außenhandels, Köln o.J.

Martin Kalhöfer*

Gesundheitshandwerk in Frankreich

---

* *Dipl.-Ökonom Martin Kalhöfer war Mitarbeiter der Bundesstelle für Außenhandelsinformation Köln (bfai)*

Abgrenzung der Branche

Die Marktstudie analysiert die Branchenstruktur, den Nachfragesektor und das Distributionssystem innerhalb der Gesundheitshandwerke in Frankreich. Im einzelnen werden untersucht:

- Augenoptiker - (Opticien-Lunetier),
- Hörgeräteakustiker - (Audioprothésiste),
- Orthopädiemechaniker-(Bandagiste-Orthopéd./Orthoprothésiste),
- Orthopädieschumacher (Podo-Orthésiste).

Die Zahntechniker (Prothésiste Dentaire) wurden in dieser Studie nur am Rande analysiert.

Die Orthopädiemechaniker und Zahntechniker gehören auch in Frankreich zum Gesundheitshandwerk. Dagegen werden die Optiker, die in Deutschland aufgrund ihrer Ausbildung und ihres Tätigkeitsumfangs eindeutig zum Handwerk zählen, in Frankreich als Händler eingestuft.

Auch die Problembereiche der Gesundheitshandwerker unterscheiden sich. Während bei den Optikern der starke Trend zur Konzentration und zu Großanbietern im Mittelpunkt steht, haben die Orthopädiemechaniker - große Geräte - mit den durch die Administration (T.I.P.S.) festgelegten Preisen zu kämpfen. Zum einen leiden diese unter den geringen Erträgen, zum anderen ist häufig für den Patienten auch ein wenig marktgerechtes Angebot die Folge. Dagegen kann der französische Markt bei optischen Produkten sowohl in seiner Struktur als auch bei Markenbewußtsein und Geschmack als hochentwickelt angesehen werden.

Der Beitrag stellt die Kurzfassung einer bfai-Studie dar: "Das Gesundheitshandwerk in Frankreich", Köln 1992. Sie kann zum Preis von DM 70,- erworben werden.

Verbände des Gesundheitshandwerks

Die Studie orientiert sich an der Struktur der jeweiligen französischen Fachverbände, die die Mehrzahl der wichtigsten Betriebe im Gesundheitshandwerk repräsentieren:

- U.N.S.O.F. (Optiker);
- U.N.S.A.F. (Hörgeräteakustiker),
- S.N.O.F. (Orthopädiemechaniker - kleine Geräte),
- U.F.O.P. (Orthopädiemechaniker - größere Geräte),
- Chambre Syndicale Nationale des Podo-Orthésistes (Orthopädieschumacher) (genaue Bezeichnungen: siehe Anhang).

Neben den Verbänden existieren in Frankreich noch zahlreiche weitere Organisationen, die die Interessen der Berufsstände vertreten. So gibt es neben der U.N.S.O.F. auch den Conseil Nationale des Opticiens, einen Verband der unabhängigen Optiker und einen Verband für Kontaktlinsen. Eine Besonderheit stellt die bei den Orthopädiemechanikern durchgeführte Trennung der Hersteller von kleinen und großen Geräten dar.

Handwerkliche Tradition und gesetzliche Grundlagen

Das Handwerk besitzt in Frankreich eine andere Definition als in der Bundesrepublik Deutschland. Es ist zum einen an eine bestimmte Unternehmensgröße - bis 10 Mitarbeiter - und zum anderen an die Zugehörigkeit zu präzise festgelegten Berufssektoren geknüpft. In einem Erlaß aus dem Jahre 1983 sind 96 Gewerbe aufgeführt, die handwerksmäßig betrieben werden. Von den in der Studie untersuchten Berufen gehören die Orthopädiemechaniker, -schuhmacher und die Zahntechniker dazu. Ebenso zählen die Hersteller von Brillen, Hörgeräten und den entsprechenden Einzelteilen zum Handwerk, wenn die genannte Unternehmensgröße nicht überschritten wird. Die Augenoptiker dagegen zählen in Frankreich nicht zum Handwerk.

Der Titel Handwerker (artisan) bzw. Handwerksmeister (Maitre d`artisan) ist gesetzlich geschützt. Die jeweiligen Bezeichnungen sind an den Erwerb bestimmter Diplome und Qualifikationsnachweise gebunden. Grundsätzlich geht das französische Handwerksrecht vom Grundsatz der Gewerbefreiheit aus. In Frankreich wurden zum Schutz der Patienten und zur Sicherstellung der beruflichen Kompetenz spezielle gesetzliche Berufszugangsvoraussetzungen, Qualifikationsbestimmungen und Kompetenzen erlassen.

In Frankreich sind u.a. folgende Kriterien von Bedeutung:

- gesetzliche Regelung,
- handelsrechtliche Bestimmungen,
- Zulassung bei der Sozialversicherung,
- Tarif- bzw. Arbeitsverträge.

Nicht alle Aspekte sind gleichermaßen für die unterschiedlichen Berufe des Gesundheitshandwerks bindend.

Im Gegensatz zu Orthopädiemechanikern und Zahntechnikern zählen in Frankreich die Augenoptiker und Hörgeräteakustiker zu den gesetzlich geregelten Berufen (Professions reglementées).

Die Augenoptiker, Hörgeräteakustiker und Orthopädiemechaniker unterliegen dem Handelsrecht. Dabei werden sowohl die Handelspraktiken als auch das Monopol der Berufsausübung und das Preissystem geregelt. Grundsätzlich besteht das Prinzip von frei festzusetzenden Preisen. Für bestimmte Produkte des Gesundheitshandwerks, insbesondere bei großen Orthopädiegeräten (Prothesen) wurden jedoch Preisobergrenzen festgelegt. In den untersuchten Berufen besteht Niederlassungsfreiheit ohne Begrenzung der Entfernung zur nächsten Verkaufsstelle.

Als Besonderheit ist die Situation in den Departements Mosel, Oberrhein und Niederrhein für die nicht speziell geregelten Berufe (Zahntechniker, Orthopädiemechaniker) zu bewerten. Hier sind die Bestimmungen der deutschen Gewerbeordnung in der

Fassung der Bekanntmachung vom 26. Juli 1900 gültig, die den sogenannten kleinen Befähigungsnachweis einführten.

Angebotsstruktur - Anzahl und Verteilung der Anbieter

Augenoptiker-Handwerk

Im Durchschnitt kommt in Frankreich auf 9.400 Einwohner ein Augenoptiker. Bei jährlich ca. 9 Mio. verkauften Brillen und ca. 26 Mio. Brillen- und Kontaktlinsenträgern wird auch weiterhin mit einem leichten, reglmäßigen Wachstum des Augenoptikerhandwerks gerechnet. In Frankreich gibt es ca. 6.300 Optikergeschäfte. Insgesamt werden 12.000 bis 15.000 Mitarbeiter beschäftigt.

Hörgeräteakustiker-Handwerk

Man rechnet, daß 2,5 Mio. Franzosen Hörprobleme aufweisen. Der Patient kann sich in Frankreich zwischen verschiedenen Anbietern von Hörgeräten entscheiden. Neben dem reinen Hörgeräteakustiker bieten sowohl bestimmte Apotheken als auch Augenoptiker Hörhilfen an. Im Jahr 1988 waren in Frankreich 1.083 Hörgeräteakustiker in insgesamt ca. 800 Verkaufsstellen tätig. Die Mehrzahl arbeitet gleichzeitig als Apotheker oder als Augenoptiker tätig. Von den gesamten Hörgeräteakustikern sind 80% freiberuflich tätig, die restlichen 20% bei einem Kollegen angestellt.

Orthopädiemechaniker-Handwerk
- kleine Geräte

Im Gegensatz zu Augenoptikern und Hörgeräteakustikern liegt in diesem Sektor keine offizielle Statistik vor. Die Zahl der Verkaufsstellen wird mit ca. 1.200 angegeben, dazu zählen auch einige Apotheken, die kleine Orthopädiegeräte verkaufen. Da bis zum Jahr 1983 eine Prüfung nicht obligatorisch war, sind nicht alle Orthopädiemechaniker Mitglied des Berufsverbandes. Derzeit üben in Frankreich ca. 850 Orthopädiemechaniker ihren Beruf in diesem Sektor aus, davon waren im Jahr 1989 490 Mitglied des Verbandes S.N.O.F. (laut Jahrbuch 1989). Die Zahl der Unternehmen variiert vom Kleinbetrieb bis zum hundert Mitarbeiter zählenden Unternehmen; in den letzten Fällen sind die Firmen in der Industriestatistik erfaßt.

- *große Geräte*
Im Jahr 1991 gab es nach Angaben des Verbandes U.F.O.P ca. 150 Unternehmen im Bereich Orthopädiemechanik - große Geräte. Auch hier handelt es sich überwiegend um Unternehmen mit weniger als 10 Mitarbeitern. Nach Angaben des Verbandes sind ihm 217 Mitglieder angeschlossen. Anders als bei den Orthopädiemechanikern - kleine Geräte - sind häufig mehrere Mitarbeiter des Unternehmens Verbandsmitglied.

Orthopädieschumacher-Handwerk
In Frankreich arbeiten in 250 Orthopädieschumacher-Betrieben ca. 2000 Mitarbeiter. Nach Angaben des Verbandes wird mit einem Rückgang des Umsatzes in den nächsten Jahren gerechnet. Der Trend von potentiellen Abnehmern, aus Kostengründen normale Schuhe zu kaufen, war in den letzten Jahren Kennzeichen des Marktes.

Zahntechniker-Handwerk
Im Jahr 1988 gab es in Frankreich 4.944 selbständige Zahntechniker. Im Durchschnitt entfällt auf 11.350 Einwohner jeweils ein Zahntechniker. In Frankreich haben 4.200 Zahntechniker-Betriebe weniger als 5 Beschäftigte, davon sind 50% Ein-Personen Unternehmen. 200 Betriebe beschäftigen zwischen 10 und 20 Mitarbeiter, 34 Laboratorien besitzen mehr als 20 Mitarbeiter. Bei den Zahnärzten direkt sind ca. 5.500 Zahntechniker beschäftigt. Der Markt für Zahntechniker wird in Frankreich als gesättigt angesehen.

Vertriebssystem

Während bei Augenoptikern ein starker Konzentrationstrend festzustellen ist, konnten sich die Orthopädiemechaniker dieser

Entwicklung bisher entziehen. Bei den französischen Orthopädiemechanikern handelt es sich in der Regel um unabhängige Unternehmen. Der starke Wettbewerb bei Augenoptikern erfordert eine entsprechende Analyse. Auf dem französischen Optikmarkt gibt es derzeit 6.357 Verkaufstellen.

Graphik 1 analysiert die Verteilung der Anbieter nach Unabhängigen, Franchiseunternehmen, nationalen und regionalen Gruppen.

Graphik 1:

Die unabhängigen Augenoptikerunternehmen werden von der Organisation CIO (Centre D'Information des Opticiens) repräsentiert. Diese konzentriert die Aktivitäten der Unabhängigen und bildet ein Gegengewicht gegen die starken Franchisegruppen.

Eine Besonderheit stellen in Frankreich die Mutuelles dar. Diese besitzen keine finanzielle Zielsetzung und sind von den Beiträgen ihrer Mitglieder abhängig. Die Mutuelles bilden Unternehmen bzw. Dienstleistungszentren mit gesundheitlichem, medizinischsozialem oder kulturellem Charakter. Diese sollten auschließlich dem Interesse der Mitglieder verpflichtet sein. Die Mutuelles profitieren von einem für sie sehr vorteilhaften steuerlichen und sozialen Status. Dazu gehören Erleichterungen bei der Mehrwertsteuer oder die Gewährung von Geschäftsräumen durch die Gemeinde. Für einen unabhängigen Augenoptiker stellt die Etablierung eines Mutuelles im Einzugsgebiet eine Wettbewerbsverschlechterung dar, da dieser in der Lage ist, attraktive Preise und Rabatte einzuräumen. In einigen Regionen gefährden nach Meinung der unabhängigen Augenoptiker die Mutuelles die Existenz ihrer Betriebe.

Bedeutung von Großanbietern auf dem Optikermarkt

Die derzeitige Entwicklung innerhalb der Distribution stellt ein internationales Phänomen dar und schließt auch die Gesundheitshandwerke in Frankreich nicht aus. Die Tendenzen in Vertrieb und Marketing weisen daher in die gleiche Richtung wie in der Bundesrepublik Deutschland. In Frankreich gibt es noch viele Geschäfte mit winzigem Verkaufsraum. Wenn auch viele ältere Personen die individuelle Atmosphäre schätzen, kann der Trend zu größerer Auswahlmöglichkeit und mehr Selbständigkeit nicht wieder rückgängig gemacht werden. Auch in Frankreich ist ein ungebrochener Konzentrationsprozeß und ein Trend zu neuen Formen der Distribution festzustellen. In allen Branchen schließen sich große Handelsketten zunehmend weiter zu Holdings zusammen.

Bei den Orthopädiemechanikern - große Geräte - gibt es nur wenige Unternehmen, die Filialen betreiben. Dazu zählt u.a. das Unternehmen PROTEOR mit Niederlassungen in ganz Frankreich. Bei Augenoptikern haben Großanbieter bereits eine herausragende Marktstellung.

Graphik 2 zeigt die bedeutenden Unternehmensgruppen im Bereich Augenoptik auf dem französischen Markt im Jahr 1990. Es handelt sich dabei um Franchisepartner und sonstige Verkaufsstellen.

Graphik 2:

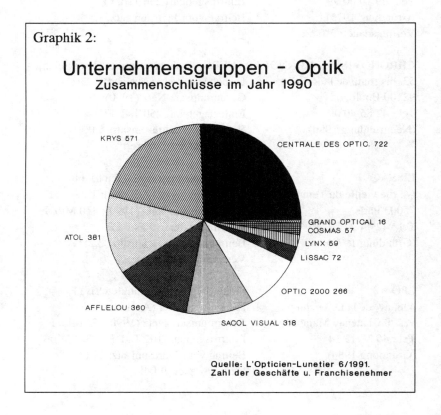

Die folgende Aufstellung gibt zusätzlich einen Überblick über Umsatz, Aufnahmebedingungen und Anschrift der wichtigsten Gruppen des Optiker- und Hörgerätemarktes. (Nur Angabe der Franchisepartner, teilweise gehören weitere Verkaufsstellen zur Gruppe).

Franchise-Unternehmen des Augenoptiker-Marktes

Firma
ALAIN AFFLELOU
3, rue des Quatre Cheminees
92100 Boulogne Billancourt
Tel.: 49 10 00 99
(Gründung 1975)
Vertragsdauer: 3 Jahre

Zusatzangaben
Franchisenehmer (Frankreich): 348
Franchisenehmer (Ausland): 0
Gesamtumsatz-Netz (1990): 1.100 Mio. F.
Eintrittsgebühr: 250 Tsd. FF
Beitrag vom Jahresumsatz: 3,5%

CHRONOVISION-CHRNOPARTNERS
53, bis route de la Reine
92100 Boulogne
Tel.: 42 85 40 00
(Neugründung 1990)

Franchisenehmer (Frankreich): -
Franchisenehmer (Ausland): -
Gesamtumsatz-Netz (1990): -
Eintrittsgebühr: 250 Tsd. FF
Beitrag vom Jahresumsatz: 5,0%
Vertragsdauer: 7 Jahre

LISSAC
64, rue vieille du Temple
75003 Paris
Tel.: 42 74 27 72
(Gründung 1975)

Franchisenehmer (Frankreich): 68
Franchisenehmer (Ausland): 1
Gesamtumsatz-Netz (1990): 410 Mio. F
Eintrittsgebühr: 80 Tsd. FF
Beitrag vom Jahresumsatz: 2,25%
Vertragsdauer: 5 Jahre

LPO
438, av. de la D. Leclerc
92290 Chatenay Malabry
Tel.: 45 37 13 14
(Gründung 1984)

Franchisenehmer (Frankreich): 11
Franchisenehmer (Ausland): 1
Gesamtumsatz-Netz (1990): 52 Mio. F
Eintrittsgebühr: 102 Tsd. F
Beitrag vom Jahresumsatz: 12,0%
Vertragsdauer: 9 Jahre

LYNX OPTIQUE	Franchisenehmer (Frankreich): 20
11, Au Quai Conti	Franchisenehmer (Ausland): 0
78430 Louveciennes	Gesamtumsatz-Netz (1990): 180 Mio. F
Tel.: 42 74 27 72	Eintrittsgebühr: 80 Tsd. F
(Gründ. Franch.-Netz:1986)	Beitrag vom Jahresumsatz: 5,0%, zusätzlich 4% für Werbung
	Vertragsdauer: 7 Jahre

Quelle: ACFCI-CECOD, L`Annuaire de la Franchise, 1991

Neben den Franchiseunternehemen auf dem Markt für optische Produkte ermöglichen auch die Einkaufs-Gruppen ihren Mitgliedern günstigere Konditionen. Die Selbständigkeit der Firmen wird nicht berührt.

Einkaufs-Gruppen des Hörgeräte-Marktes

Firma	Zusatzangaben
COOPERATIVE NATIONALE D`ACOUSTIQUE MEDICALE	Mitglieder: 28 Geschäfte: 34
162, boulevard Haussmann	Gesamtumsatz-Geschäfte: 59 Mio. F.
75005 Paris	Gesamteinkäufe: 23 Mio. F.
Tel.: 42 89 06 70 (Gründung 1986)	

Quelle: Points de Vente - Panorama, 1990

Einkaufs-Gruppen des Augenoptiker-Marktes

Firma	Zusatzangaben
ATOL	Mitglieder: 320
2, rue de la Renessance	Geschäfte: 376
92184 Antony	Gesamtumsatz-Zentrale (89): 189 Mio. F.
Tel.: 46 66 40 60	Gesamtumsatz-Geschäfte (89): 224 Mio. F.
(Gründung 1970) Marke: ATOL	Neueröffnungen (1990/91): 20

GADOL OPTIC 2000
108, av. de Fontainebleau
94270 Le Kremlin
Tel.: 46 66 40 60
(Gründung 1962)
Marke: OPTIC 2000

Mitglieder: 220
Geschäfte: 255
Gesamtumsatz-Zentrale (89): 201 Mio. F.

GUILDE DES LUNETIERS
DE FRANCE
6, rue Clisson
75013 Paris
Tel.: 45 86 81 00
(Gründung 1966)
Marke: KRYS

Mitglieder: 424

Geschäfte (Frankr. u. Belgien): 580
Gesamtumsatz-Gesch.(89): 1.360 Mio. F.

SACOL VISUAL
B.P. 66
21850 Saint Appolonaire

Tel.: 80 71 23 77

(Gründung 1959)

Mitglieder: 300
Geschäfte (Frankr. u. Belgien): 350
Gesamtumsatz-Zentrale (1989): 10,6 Mio. F.
Gesamtumsatz-Geschäfte (1989): 650 Mio. F.

Marke: VISUAL
Quelle: Points de Vente - Panorama, 1990

Marketing

Dennoch wird auch in Frankreich deutlich, daß der Unternehmenserfolg nicht mit Größe und Art des Unternehmens verbunden ist. Ausschlaggebend ist vielmehr die Anpassung an sich wandelnde Strukturen und die Wünsche des Verbrauchers. Schlüssel zum Erfolg ist neben einer zeitgemäßen Informationsbeschaffung auch die Wahl der eingesetzten Marketingmaßnahmen.

Werbemedien und Fachpresse

Die französische Fachpresse nimmt bei der Analyse des Marktes einen nicht zu unterschätzenden Wert ein. Auch für die paramedizinischen Berufe gibt es spezielle Medien bzw. Periodika. Für die Optiker bieten die Zeitschriften INFORM`OPTIQUE und L`OPTICIEN einen guten Marktüberblick. Beide sind ansprechend und modern gestaltet und zeigen neben konjunkturellen Enwicklungen und gesetzlichen Vorschriften auch Trends innerhalb der Mode und Veränderungen der Handelsstruktur auf.

Die wichtigste Zeitschrift für Orthopädiemechaniker auf dem französichen Markt ist TECHNI MEDIA. Diese erscheint monatlich und berichtet in erster Linie über neue Produkte und Verfahren. Seit Oktober 1991 erscheint die zuammen mit spanischen, italienischen und englischen Berufskollegen publizierte TOI - Technique Orthopedique Internationale - als Beilage von TECHNI MEDIA. Die Gesundheitshandwerker finden in der Fachpresse auch Hinweise über Stellenangebote und zum Verkauf anstehende Firmen. Auch industrielle Anbieter sollten diese Detaillierung in jedem Fall nutzen, zum einen bei der Suche eines geeigneten Repräsentanten, zum anderen als Werbemedium.

Die neuen Kommunikationsmedien haben in Frankreich stärker als in der Bundesrepublik Deutschland Einzug gehalten. So ist das dem deutschen BTX (Bildschirmtext) vergleichbare Minitel weitaus häufiger verbreitet und vom französischen Verbraucher akzeptiert. Auch im Einzelhandel und Gesundheitshandwerk werden in Frankreich immer mehr Einkäufe über diesen Weg getätigt. Der Verbraucher kann über dieses Medium zusätzlich technische Erläuterungen und Anwendungstips bekommen.

Messen

Den Zugang zum französischen Markt erleichtert auch der Besuch der jeweiligen Fachmessen (vgl. Anhang). Für Optiker ist die SILMO die wichtigste Messe. Sie findet jährlich im Oktober in Paris statt und zeigt die wesentlichen Tendenzen der kommenden Saison. Zur 25. SILMO im Jahr 1991 kamen 21.200 Besucher und 571 Aussteller.

Die führende Messe im Bereich der Orthopädietechnik und Krankenhausausstattung ist die INTERMEDICA, die alle zwei Jahre in Paris stattfindet. Auf der Fachmesse SILAB-SITAD werden alle 18 Monate Materialien und Ausstattung für Dentallabors und Zahnärzte gezeigt.

Perspektiven für die Gesundheitshandwerke

Um auf dem französischen Markt erfolgreich zu sein, ist die Anpassung an die Käufermentalität Bedingung - sowohl beim Einsatz der Werbemedien als auch beim Produkt und dessen Design. Der französische Verbraucher ist nach Einschätzung von Branchenkennern bei Brillen sehr markenbewußt und erwartet gleichzeitig eine interessante Präsentation.

Auffallend bei vielen Stellungnahmen zur Entwicklung des Berufsstandes ist die im Gegensatz zu den Bedingungen in der Bundesrepublik Deutschland geringe Betonung der handwerklichen Bedeutung des Optikers. Die technische Leistungsfähigkeit des Optikers und die Notwendigkeit des Diploms werden zwar genannt. Der technische und wissenschaftliche Charakter des Berufs sind in der Fachpresse jedoch nur untergeordnete Argumente, wenn an die zukünftige Situation gedacht wird.

Während man in Frankreich bei optischen Produkten eine mengenmäßige Stagnation verzeichnet, ist der Trend zu qualitativem Wachstum unverkennbar. Aus diesem Grund sieht auch der Direktor von ESSILOR die Notwendigkeit, die Beteiligten auf allen Ebenen zu ermutigen, die Qualität optischer Produkte weiter zu verbessern. Von der Entwicklung über Herstellung, Montage, Anpassung und Service müssen die richtigen Antworten auf die

Bedürfnisse und Fragen der Kunden gefunden werden. Wie bereits dargestellt, ist in Frankreich der Trend zu größeren Ketten stärker als in anderen europäischen Ländern.

Während bei den Optikern der starke Trend zur Konzentration und zu Großanbietern im Mittelpunkt steht, haben die Orthopädiemechaniker - große Geräte - mit den durch die T.I.P.S. festgelegten Preisen zu kämpfen. Folge sind zum einen schwierige Bedingungen für die Handwerker, zum anderen aber häufig ein wenig marktgerechtes Angebot für den Patienten. Es ist festzustellen, daß Orthopädiemechaniker - große Geräte - in der Praxis wenig Sinn für Markting entwickeln. Dies liegt zum einen an der restriktiven Preispolitik, die durch die T.I.P.S. aufgezwungen wird. Zum anderen besteht insbesondere in ländlichen Gegenden durch mangelnde Alternativen für den Kunden die Notwendigkeit, ein bestimmtes Geschäft aufzusuchen.

Der Verband der französischen Orthopädiemechaniker ist davon überzeugt, daß die äußerst niedrigen Preise kaum das Interesse in anderen Ländern wecken. Dennoch wird in Frankreich von zahlreichen Branchenkennern mit einem Wandel der Tarife gerechnet. Die T.I.P.S. werden als unvollständig, wenig wirksam und realitätsfern bezeichnet. Andererseits gelten zahlreiche Punkte als überflüssig. Die Studie des Industrieministeriums fordert daher u.a. für Prothesen eine höheres Preisniveau, um die Rentabilität der Betriebe im Bereich der Orthopädiemechanik sicherzustellen. Andernfalls kann davon ausgegangen werden, daß die Aufgabe bestimmter Fertigungen zur Normalität wird. Besonders bei einigen Prothesen haben die Patienten bereits Schwierigkeiten, versorgt zu werden.

Die weitere Entwicklung wird zeigen, ob auch die Chancen neuer Anbieter auf dem Markt gegeben sind. Ob für den Gesundheitshandwerker - insbesondere im grenznahen Raum - ein großes Interesse besteht, sich in Frankreich zu engagieren, bleibt offen. Dennoch wird die europäische Integration auch am Gesundheitshandwerk nicht spürbar vorbeigehen. Dies zeigt die Angleichung der Ausbildungssysteme.

Es wäre wünschenswert, wenn dieser Gesichtpunkt nicht nur als Bedrohung, sondern auch als Möglichkeit eines verstärkten internationalen Austausches bei der Ausbildung im Handwerk verstanden wird.

Anhang: Informationen zum Gesundheitshandwerk in Frankreich

Allgemeine Informationsstellen:

Institut National de la
Statistique et des Etudes
Economiques - INSEE
Staatliches Statistisches Amt

18, bd. Adolphe Pinard
75675 Paris 14
Tel.: 1 - 45 40 12 12

Ministere des Affaires
Sociales et de la
Solidarite
Service Des Statistiques des
Etudes et des Systemes d`Information
Statistische Informationen des Gesundheitsministeriums

8, av. de Segur
75350 Paris 7
Tel.: 1 - 40 56 60 00
Fax.: 1 - 40 56 50 41

Ministere du Commerce
et de l`Artisanat
Direction de l`Artisanat
Ministerium für Handel und Handwerk

24, rue de l`Universite
75707 Paris
Tel.: 1 - 45 56 40 62
Fax.: 1 - 45 56 47 99

Caisse Nationale
d`Assurance Maladie
CNAMTS
Krankenversicherung

66, av. du Maine
75694 Paris 14
Tel.: 1 - 42 79 30 34

UNCASS

Tarif Interministériel des
Prestations sanitaires
Informationsstelle der Krankenversicherung über die aktuellen Tarife des Erstattungswesens - T.I.P.S.

33, av. du Maine
75755 Paris
Tel.: 1 - 45 38 81 48
Fax.: 1 - 45 38 70 68

Handwerker-Fachverbände

Optiker

Union Nationale des
Syndicats d'Opticiens
de France - UNSOF -
45, rue de Lancry
75010 Paris
Tel.: 1 - 42 06 07 31
Fax.: 1 - 42 00 00 60
Fachverband - Optiker, vertritt 13 regionale Verbände

Conseil Nationale des
Opticiens
11, rue Henri-Barbusse
18200 St. Amand-Montrond
Tel.: 48 96 78 36
Verband - Optiker

Syndicat Nationale des
Adapteurs d'Optique de
Contact - SNADOC -
6, impasse du Point-du-Jour
69005 Lyon
Tel.: 78 36 91 81
Fachverband - Kontaktlinsen

Syndicat des Opticiens
Independants - SOFI -
8, rue Rene-Baschet
93220 Gagny
Tel.: 43 02 06 33
Verband unabhängiger Optiker

Syndicat Nat. des Opticiens
Optometristes de France
- SNOOF -
38, boulevard Raspail
75007 Paris
Tel.: 1 - 45 49 23 84
Verband Optiker und Optometristen

Association Nationale pour
l'Amélioration de la Vue
- ASNAV -
39/41 rue Louis Blanc
92038 Courbevoie
Tel.: 1 - 47 17 64 78
Fax.: 1 - 47 17 63 98
Vereinigung zur Verbesserung des Sehens
Mitglieder: Hersteller, Importeure, Großhändler

Hörgeräteakustiker

Union Nation. des Syndicats
d'Audioprothesistes
Francais - UNSAF -
6, place de General-Catroux
75017 Paris
Tel.: 1 -
Fax.: 1 -
Der Verband setzt sich aus drei Organisationen zusammen:
AAF; FNAF; SNVA (Sysndicat National Unifie des Audioproth.).

Association des
Audioprothesistes Francais
AAF
230, rue du faubourg Saint-Honore
75008 Paris
Sekretariat:
13, rue des Fosses
77000 Melun
Tel.: 1 - 64 37 97 55
Zusammenschluß - selbständiger und angestellter Hörgeräteak.

Federation nationale des 15, rue Gambetta
Audioprothesistes 93110 Rosny sous Bois
FNAF Sekretariat:
45, av. Marceau
75116 Paris
Tel.: 1 - 47 20 77 54
Informationsstelle der Hörgeräteakustiker,
Vertretungsorgan bei der Sozialversicherung.

Orthopädie-Schuhtechnik

Chambre Syndicale nationale 30, Place du Marche Saint Honore
des Podo-Orthesistes 75001 Paris
Tel.: 1 - 42 61 26 90
Fachverband - Orthopädie-Schuhtechniker

Orthopädiemechaniker

Chambre Syndicale Nationale 6, rue Leon Jouhaux
de l'Orthopedie Francaise 75010 Paris
(petit appareillage) Tel.: 1 - 42 40 16 60
- SNOF - Fax.: 1 - 42 40 11 13
Fachverband - Orthopädiemechaniker für kleine Apparate

Union francaise des 6, rue Leon Jouhaux
Orthoprothesistes 75010 Paris
(grand appareillage) Tel.: 1 - 42 40 50 60
- UFOP - Fax.: 1 - 42 40 55 56
Fachverband - Orthopädiemechaniker für größere Apparate

Syndicat autonome francaise 7, rue du Marche Saint Honore
des Applicateurs de 75001 Paris
Prothese-Orthese
Fachverband - Orthopädiemechaniker (Prothesen) - Anwender

Zahntechniker

Union nationale patronale 80-82, rue la Roquette
des protheistes dentaires 75011 Paris
- UNPPD - Tel.: 1 - 48 07 27 25
Fachverband - Zahntechniker

Fachverbände - Großhandel - Import/Export

Syndicat des Importateurs B.P. 215
et Distributeurs en 78051 St. Quentin-en-Yvelines
Optique-Lunetterie Tel.: 30 57 48 48
Fachverband der Importeure und Großhändler von Optiker-Produkten

Gesundheitshandwerk in Frankreich

CIGA - Centre d'Information 18, rue de Messageries
pour Groupements d'Achats 75010 Paris
Tel: 1 - 47 70 75 70
Informationszentrum für Einkaufsgesellschaften -
Herausgabe eines detaillierten Verzeichnisses der
Einkaufsgenossenschaften in Frankreich

Messen

SILMO 55, Quai Alphonse le Gallo
Internationale Fachmesse 92107 Boulogne Billancourt
für Brillen, Augenoptik Tel.: 1 - 49 09 60 00
und Optikereinrichtung Fax.: 1 - 49 09 60 03
Veranstalter: Comite des Expos. de Paris
Jährlich im Oktober Paris, Parc des Expositions
Angebote: Brillen, Kontaktlinsen, Optische Instrumente, Zubehör
Zielgruppen: Optiker, Importeure, Großhändler
Gesamtfläche: 20 170 qm, Aussteller: 571, Besucher: 21 200

INTERMEDICA 75, av. Kleber
Internationale Fachmesse für 75116 Paris
medizinische Technologien Tel.: 1 - 45 53 37 36
  Fax.: 1 - 45 53 68 04
Veranstalter: Societe 3E
Alle zwei Jahre im März/April (1992) - Paris, Parc des Expos.
Angebote: Orthopädietechnik, Krankenhausausrüstung,
Zielgruppen: Gesundheitsberufe, Krankenhausverwaltung, Fachärzte
Gesamtfläche: 11 933 qm, Aussteller: 426, Besucher: 49 200 (1990)

SILAB-SITAD 75, rue Saint Lazare
Internationale Fachmesse 92107 Boulogne Billancourt
für Dentaltechnik und Tel.: 1 - 49 09 60 00
zahnärztlichen Bedarf Fax.: 1 - 49 09 60 03
Veranstalter: Sifadent
Alle 18 Monate (März 1993) - Paris, Parc des Expositions
Angebote: Materialien und Ausstattung für Dentallab./Zahnärzte
Aussteller: 253, Besucher: 18 158 (1990)

Werbemedien - Fachzeitschriften und Jahrbücher

Optik

L'OPTICIEN 45, rue de Lancry
75010 Paris
Tel.: 1 - 42 06 07 31
erscheint 10 x p. Jahr Fax.: 1 - 42 00 00 60
Ansprechend gestaltete, informative Fachzeitschrift.
Herausgegeben vom Fachverband - UNSOF -
Zielgruppen: Augenoptiker, Verbraucher.
Als Werbemedium für Brillen, Zubehör sehr gut geeignet.

INFORM' OPTIQUE 10, rue de Buci
75006 Paris
Tel.: 1 - 43 26 55 06
erscheint 10 x p. Jahr Fax.: 1 - 46 33 95 92
Ansprechend gestaltete Fachzeitschrift (modisch orientiert).
Zielgruppen: Augenoptiker, Verbraucher.
Als Werbemedium für Brillen, Zubehör sehr gut geeignet.

FRANCE OPTIQUE 26 rue Lebrun
75013 Paris
Tel.: 1 - 43 37 83 50
Fax.: 1 - 43 31 94 11
Jahrbuch des Optiker - Marktes
Verzeichnis aller wichtigen Anschriften des franz. Optikmarktes:
Verbände, Innungen, Organisationen, Hersteller optischer Geräte,
Optiker (detailliert nach Regionen), Großhändler, Repräsentanten
Als Werbemedium für optische Produkte sehr gut geeignet.

Hörgeräte

CAHIERS DE L'AUDITION 5, rue du Marechal Joffre
06400 Cannes
erscheint 4 x p. Jahr
Fachzeitschrift der Hörgereätekustiker
Veröffentlicht u.a. Stellenanzeigen.

ANNUAIRE FRANCAIS 11, rue Saint Ambroise
D'AUDIOPHONOLOGIE 75011 Paris
Tel.: 1 - 47 00 46 46
erscheint alle 2 Jahre
Verzeichnis von wichtigen Anschriften des Marktes
der Hörgeräteakustiker
Verbände, Organisationen, Ärzte, Hörgeräteakustiker.

Orthopädische Produkte

TECHNI MEDIA
Edit. De l'Orthese

BP 8
85600 St. Georges de Montaigu
Tel.: 51 42 04 78
Fax.: 51 42 06 71

Aufl.: 4.500, erscheint 10 x p. Jahr
Fachzeitschrift der Orthopädiemechaniker, - schumacher
Zielgruppen: Orthopädiemechaniker, Apotheken
Als Werbemedium für orthopädische Produkte geeignet.

FRANCE MEDICAL

1, place d'Estienne-d'Orves
75009 Paris
Tel.: 1 - 42 80 67 62
Fax.: 1 - 42 82 99 30

Jahrbuch der Lieferanten von medizinischen Technologien
und Ausstattung
Verzeichnis von wichtigen Anschriften des französ.
Gesundheitsmarktes:
Verbände, Innungen, Organisationen, Hersteller medizin. Geräte,
Hersteller von Produkten für das Gesundheitshandwerk

BOTTIN SANTE
Guide Medical & Hospitalier

31, cours des Jouilliotes
94706 Maison Alfort
Tel.: 1 - 49 81 56 56
Fax.: 1 - 49 77 85 28

Verzeichnis von wichtigen Anschriften des französ.
Gesundheitsmarktes:
Hersteller medizin. Geräte, Laboratorien, Krankenhäuser
Hersteller von Produkten für das Gesundheitshandwerk

Martin Kalhöfer*

**Zuliefermarkt
in Frankreich**

---

* *Dipl.-Ökonom Martin Kalhöfer war Mitarbeiter der Bundesstelle für Außenhandelsinformation Köln (bfai)*

Problemstellung

Für die deutschen Zulieferer ist eine tiefergehende Analyse der eigenen Branche in den Nachbarländern notwendig, zum einen um die Konkurrenzsituation einzuschätzen und zum anderen, um neue Absatzmärkte zu gewinnen. Die bilateralen Beziehungen zwischen Frankreich und Deutschland besitzen bereits einen hohen Stellenwert. Dies beweist auch das starke Messeengagement im jeweiligen Nachbarland.

Französische Hersteller haben in den letzten Jahren große Anstrengungen auf dem deutschen Markt unternommen und organisieren zusammen mit Handelsvertreter- und Einkäuferverbänden regelmäßig Zuliefertage. Französische Unternehmen sind bereits auf dem Markt erfolgreich und gehören bei vielen deutschen Herstellern zu den Stammlieferanten.

Auch wenn Frankreich nicht zu den Ländern gehört, bei denen die Lohnkosten das wichtigste Argument einer Verlagerung darstellen, besitzen Französische Konkurrenten immer noch einen Lohnkostenvorsprung im Vergleich zu deutschen Unternehmen. Dazu kommt ein Technologie- und Produktivitätsvorteil im Vergleich zu anderen Zulieferländern wie Spanien oder Portugal.

Geschäftsbeziehungen zu Französischen Kunden sind auch für deutsche Zulieferer höchst interessant und ausbaufähig. In bestimmten Märkten, die für Zulieferanten eine Schlüsselstellung besitzen, zählt Frankreich zu den führenden Anbietern; dazu gehört neben der Automobilindustrie die Luft- und Raumfahrtindustrie. Positive Akzente werden im Nachbarland in der Wirtschaftspolitik und Forschungsförderung gesetzt. Veränderungen sind in Frankreich auch durch eine Stärkung der Regionen zu erwarten. So werden in bisher kaum berücksichtigten Departements Technologieparks errichtet, Investitionshilfen gewährt und die nötige Infrastruktur geschaffen. Gerade in grenznahen Regionen entsteht durch stärkere Dezentralisierung für viele Anbieter ein neues Marktpotential.

Die Anforderungen sind für die Zulieferer nicht weniger hoch als in Deutschland. Die innerhalb der französischen Industrie festzustellende hohe Bedeutung der ISO-Norm 9000, die Fertigungsprozeß und Qualitätssicherung auch der Zulieferteile absichert, beweist die steigenden Anforderungen, die der französische Kunde zukünftig an das Produkt stellt.

Abgrenzung der Branche und Sektoren

Auch in unserem Nachbarland ist die Bedeutung der Zulieferbranche Kennzeichen einer arbeitsteiligen Industriestruktur. Entsprechend der Charta der Zulieferindustrie werden als Zulieferungen Produkte oder Arbeiten bezeichnet, deren Herstellung oder Durchführung von einem als Auftraggeber bezeichneten Unternehmen an ein als Zulieferer bezeichnetes spezialisiertes Unternehmen vergeben werden.

Der gesamte Zuliefermarkt ist sehr komplex. Die Produktpalette war in der Vergangenheit in erster Linie von Einzelteilen bestimmt. In Zukunft werden Baugruppen, Komponenten und komplette Systemlösungen der Zulieferanten immer stärker gefragt sein. Im Mittelpunkt dieser Studie stehen die Sektoren Werkzeug- und Formenbau, Schmiedeteile, Stanz- und Ziehteile, Drehteile und Gußteile. Die Bereiche Schrauben, Befestigungselemente, Technische Federn und Oberflächenbehandlung und -beschichtung werden nicht detailliert untersucht und nur anhand einiger Kennzahlen dargestellt.

Organisationen und Verbände

Dachverband des Französischen Maschinenbaus und der mechanischen Industrie ist die FIM (Fédération des Industries Mécaniques). Unter seiner Führung wurde 1982 mit der GIST (Groupement Intersyndical de la Sous-Traitance) der Dachverband der französischen Zulieferindustrie gegründet. In diesem sind 13 Fachverbände zusammengeschlossen. Er hat das Ziel,

gemeinsame Interessen wahrzunehmen und den Absatz der von den Mitgliedsfirmen hergestellten Produkte und der genutzten Technologien zu fördern. Daneben verteilt GIST die Interessen auf nationaler und internationaler Ebene und erarbeitet sowie prüft Verkaufs- und Einkaufsbedingungen. Es werden Messe- und Ausstellungsbeteiligungen organisiert, Qualitätssicherung und Zertifizierung gefördert und Herstellerkataloge mit den Schwerpunkten Export und Technik veröffentlicht. Folgende Mitgliedsverbände werden u.a. repräsentiert:

- S.N.D.E. - Syndicat National du Découpage, Emboutissage, Repoussage, Outillage de Presse
  (Verband der Trenn-, Tiefzieh-, Drück-, Preßwerkzeugindustrie)
- S.G.F.F. - Syndicat Général des Fondeurs de France
  (Gießereiverband)
- S.N.E.F. - Syndicat National de l'Estampage et de la Forge
  (Verband der Freiform- und Gesenkschmiedeindustrie)
- A.F.I.M. - Association Francaise des Industries du Moule,
  Modèle et Maquette (Verband der Formen- und Modellbauer)
- S.N.F.R. - Syndicat National des Fabricants de Ressorts
  (Verband der Hersteller von Federn)

Nicht zu GIST gehören die Verbände:

- C.S.B.V.F. - Chambre Syndicale de la Boulonnerie et de la
  Visserie Forgées (Verband der Schraubenhersteller)
- S.N.D.E.C - Syndicat National du Décolletage
  (Verband der Hersteller von Drehteilen)

(Die Anschriften der einzelnen Verbände finden sich im Anhang)

Produktion und Branchenstruktur

Von allen französischen Industrieunternehmen sind ca. 15 % im Zuliefersektor tätig, von diesen haben 93 % weniger als 100 Mitarbeiter. Auch wenn genaue Zahlen insbesondere der Unter-

Graphik 1:

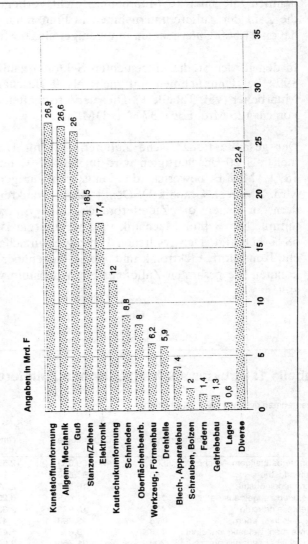

Zulieferindustrie in Frankreich
Umsatz einzelner Sektoren im Jahr 1991
- Gesamtumsatz: 187,909 Mrd. F -

Quelle: Usine Nouvelle, No. 2388; 26.Nov.1992
"Sous-Traitance" - Special Midest 92,
Angaben der Unternehmen mit über 20 Mitarbeitern

nehmen mit unter 10 Mitarbeitern nicht vorliegen, schätzt man die Zahl der Zulieferunternehmen in Frankreich auf ca. 27.000, davon 21.500 Unternehmen mit weniger als 20 Mitarbeitern.

In den in der Studie untersuchten Sektoren zählte man im Jahr 1990 bei Unternehmen mit mehr als 9 Beschäftigten 249.087 Mitarbeiter (vgl. Tabelle 1). Diese erwirtschafteten einen Umsatz von ca. 125 Mrd. F, ca. 37 Mrd. DM.

Der gesamte französische Zuliefermarkt für Unternehmen mit mehr als 20 Beschäftigten wird im Jahr 1991 umsatzmäßig mit 187,9 Mrd. F bewertet, dies entspricht umgerechnet ca. 56 Mrd. DM (vgl. Graphik 1). Damit gehört Frankreich zu den Ländern, in denen die Zulieferbranche eine Spitzenstellung einnimmt. Der Sektor Mechanik und Metallurgie ist daran mit ca. 58 % beteiligt. Den restlichen Umsatz erwirtschaften die Bereiche Kunststoff, Elektronik und Textil. Gegenüber dem Jahr 1990 konnten die gesamten Zulieferer ein Wachstum von ca. 3 % erzielen.

Tabelle 1: Struktur der französischen Zulieferer

Unternehmen mit mehr als 9 Mitarbeitern.

	Unternehmen	Beschäftigte	Umsatz Mio. DM	Exportanteil %
- Formenbau, allgem. Mechanik	3.068	89.033	12.650,5	8,7
- Gußindustrie	453	51.558	7.930,9	22,8
- Schmiedeindustrie	166	16.547	2.923,8	23,1
- Preßwerkzeugeindustrie	776	41.415	6.237,8	10,2
- Drehteileindustrie	472	15.945	2.320,9	14,1
- Technische Federn	76	3.793	473,1	9,5
- Schrauben, Befestigungselem.	128	9.030	1.455,6	18,3
- Oberflächenbehandlung	709	21.766	3.059,6	10,9
Gesamte Zulieferunternehmen	-	249.087	37.052,2	-

Quelle: La Sous-Traitance Francaise de la Mécanique et da la Fonderie, SESSI, 1992. Angaben zum Exportanteil: Unternehmen mit mehr als 20 Mitarbeitern. Keine Angabe zur Gesamtzahl der Unternehmen, da ein Unternehmen in mehreren Zulieferbranchen produzieren kann.

Regionale Schwerpunkte und Konzentration der Zulieferer

Die Untersuchung der nach dem Umsatz größten 4 bzw. 10 Unternehmen zeigt, daß der Konzentrationsgrad bei französischen Herstellern noch gering ist. Bei den Stanz- und Ziehteileherstellern entfallen 19,7 % aller Beschäftigten, 18,0 % des Branchenumsatzes auf die ersten 10 Unternehmen. Bei den Drehteileherstellern stellen die 10 größten Unternehmen 21,9 % der Beschäftigten, 16,3 % des Gesamtumsatzes und 37,5 % der Exporte.

Noch geringer ist der Konzentrationsgrad bei den Herstellern von Formen und Werkzeugen. Auf die 10 größten Unternehmen entfallen 9,4 % aller Mitarbeiter und 8,4 % der Umsätze. Bei den Produzenten von Federn ist dagegen ein erheblicher Konzentrationsgrad festzustellen. Die führenden 10 Unternehmen stellen 53,1 % der Mitarbeiter und 47,9 % der Umsätze.

Auch nach geographischen Gesichtspunkten ist eine Konzentration der Zulieferer festzustellen. Bedeutende Regionen sind:

- die Ardennen und die Gebiete St. Etienne und Thiers in der Midi für Guß- und Schmiedeteile
- das Juragebiet für Feinstanzen, Präzisionsmechanik, Kunststoffverarbeitung
- Nordfrankreich für Guß-, Schmiede-, mechan. bearbeitete Teile
- Normandie und Ostfrankreich für den Sektor Kesselbau
- der Südwesten, die Region um Toulouse und Bordeaux für die Luft- und Raumfahrtzulieferindustrie
- die Regionen um Lyon und Paris bieten ein vielseitiges Angebot diverser Zulieferprodukte.
- die Haute Savoie für Drehteile.

Die französischen Drehteileproduzenten sind regional stark konzentriert. Insgesamt ca. 550 Unternehmen fertigen mit ca. 9.700 Mitarbeitern zwischen Bonneville und Cluses in Haute Savoien Drehteile. Allein dieser Sektor beschäftigt 70 % der in der

Industrie tätigen Arbeitnehmer. Häufig waren landwirtschaftliche Betriebe die Basis der Hersteller, und immer noch ist hier die Branche von Kleinbetrieben geprägt.

Nachfrage bei Zulieferprodukten

Im Jahr 1990 belief sich der französische Markt für industrielle Zulieferprodukte auf 134 Mrd.F. In den französischen Statistiken werden alle Kunden mit mehr als 100 Mitarbeitern berücksichtigt. Seit 1990 verzeichnet die französische Zulieferindustrie aufgrund der Abschwächung der Gesamtkonjunktur erhebliche Umsatzeinbußen. Die Zulieferanten der in Frankreich sehr starken Luft- und Raumfahrtindustrie gehörten zu den ersten Leidtragenden. Mittlerweile sind alle Branchen, auch die Automobilzulieferanten, tangiert.

Die französischen Statistiken analysieren die Aufwendungen für Zulieferprodukte und ermöglichen insofern eine Einschätzung des Gewichtes einzelner Auftraggeberbranchen für die Zulieferer. Die Tabelle 2 ist Ergebnis einer jährlich vom Industrieministerium durchgeführten Untersuchung in Unternehmen unterschiedlicher Industriesektoren mit über 100 Mitarbeitern. Es werden der Umsatz der eingekauften Zulieferungen, der Anteil an der Produktion und der Spezialisierungsgrad der Leistungen untersucht.

Der Aufbau der vorliegenden Statistik könnte zu Unterschätzungen des Gewichtes der Zulieferungen in einigen Sektoren führen. Danach arbeitet die Automobilindustrie wenig mit Zulieferern zusammen. Dies entspricht nicht der Realität. Bei den vom Industrieministerium veröffentlichen Zahlen werden Zulieferer der Automobil-, Zweirad-, Luftfahrtindustrie nur zum Teil erfaßt. Hersteller von kompletten Teilen und spezifischem Ausstattungsbedarf für die jeweilige Branche - Bremsanlagen, Schließsysteme, Karosserieteile, Instrumente u.a. - werden nicht als Zulieferer, sondern als Ausrüster geführt.

Tabelle 2: Kundenstruktur des französischen Zuliefermarktes

Industriesektor	Auftraggeber ges.	Auftraggeber Unternehmen des Sektors in %	Zulieferung in Mio. F	Zulieferung Anteil in %	Spezielle Zulieferung/ gesamte industrielle Zulieferung in %
Minerale, Eisen	67	86	3266	2,4	67
Minerale, NE-Metalle	47	82	8540	6,4	98
Baumaterial	96	54	1781	1,3	92
Glas	39	70	809	0,6	64
Chemie	80	56	5413	4,0	80
Guß, Metall	511	89	6366	4,7	62
Papier, Karton	159	71	1360	1,0	63
Kunststoff	233	75	3277	2,4	31
Zwischenprodukte	**1232**	**76**	**30811**	**23,0**	**74**
Mechanik	627	85	14725	11,0	74
Elektro, Elektronik	395	80	17961	13,4	66
Luft-,Raumfahrt	76	92	29021	21,6	49
Industriegüter, gesamt	**1098**	**84**	**61707**	**46,0**	**60**
Haushaltsausstattung	42	71	358	0,3	73
Kfz-, Eisenbahnbau	**227**	**81**	**9598**	**7,2**	**85**
Parachemie, Pharmazie	221	66	4914	3,7	89
Textil, Kleidung	798	84	14779	11,0	71
Leder, Schuhe	102	73	1857	1,4	35
Holz, Möbel	200	57	1658	1,2	66
Druckerei, Presse	201	74	8383	6,3	82
Verbrauchsgüter, gesamt	**1522**	**74**	**31591**	**23,6**	**74**
Gesamt	**4121**	**77**	**134065**	**100**	**68**

Quelle: SESSI 1992

Führende Auftraggeber für das Zulieferwesen in Frankreich waren 1990 die Unternehmen der Luft- und Raumfahrtindustrie. Die Zahlen zeigen, daß sich durchschnittlich drei von vier Unternehmen der Hilfe von Zulieferern bedienen. Nur in einzelnen Sektoren sind dies weniger als 60 % der Unternehmen. Der Schwerpunkt der Umsätze der Zulieferer lag bei speziellen Produkten.

Hier setzt der Zulieferer sein Know-how und die Fertigungsmöglichkeiten nach genauen Vorgaben und Spezifikationen des Kunden ein. Deren Anteil lag bei 68 % bzw. 92 Mrd. F der industriellen Zulieferungen. Durch die besondere Kundenorientierung stehen Ausstattung und Technologie des Zulieferers im Vordergrund. Die hier tätigen Zulieferer sind weniger durch Konjunkturschwankungen betroffen.

Graphik 2 zeigt die Bedeutung einzelner Kunden der Zulieferbranche.

Graphik 2

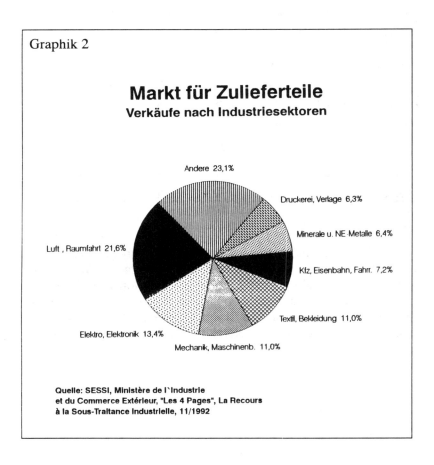

Wichtigster Kunde der Drehteilehersteller ist immer noch die Automobilindustrie (Graphik 3). Insgesamt ergab sich bei den Herstellern im Jahr 1991 folgende Verteilung der Kundenbranchen.

Graphik 3:

Bei den Herstellern von Gußteilen ergab sich 1991 je nach Produktbereich eine unterschiedliche Verteilung der Kundenbranchen.

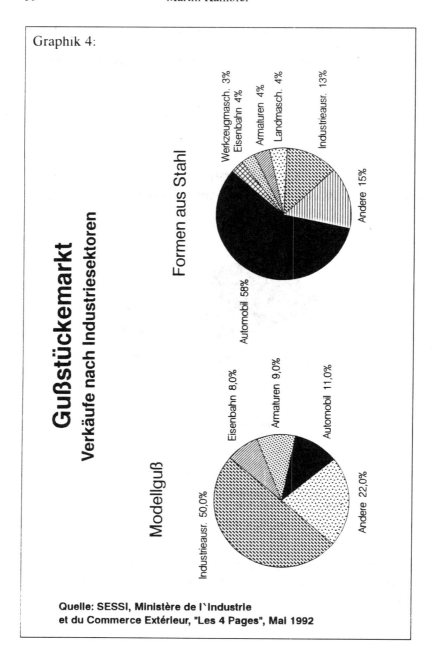

Vertrieb von Zulieferprodukten in Frankreich

Die Vermarktung von Industriegütern in Frankreich stellt viele mittelständische deutsche Unternehmen immer noch vor Probleme. Zwar haben administrative Hürden inzwischen weitgehend an Bedeutung verloren, doch stellen Sprachschwierigkeiten, unzureichende Informationen und unterschiedliche Unternehmenskulturen sowie Differenzen in der Mentalität immer noch Barrieren dar.

Gerade für kleinere Firmen lohnt es sich jedoch nicht nur wegen der Nähe und der Aufnahmefähigkeit des Französischen Marktes, diese Hindernisse zu überwinden. Frankreich hat sich auch als geeignetes Sprungbrett für die Versorgung der Märkte in Spanien und Portugal erwiesen. In vielen Sektoren, insbesondere in technisch besonders fortschrittlichen Bereichen, können sich deutsche und französische Unternehmen aufgrund ihrer Gemeinsamkeiten auch gegenseitig ergänzen und die Fortentwicklung von Produkten erleichtern.

Mittelständler scheitern beim Industriegüterabsatz in Frankreich häufig wegen zu geringer Marktkenntnisse. Von Fachverbänden sind brauchbare Marktdaten oft nicht oder nur lückenhaft erhältlich. Hinzu kommt, daß in Frankreich Industriegütermärkte zersplitterter sind als in Deutschland. Gute Ergebnisse bringt schon der Besuch von Fachmessen. Die im Anhang angegebenen Informationsstellen bieten gute Möglichkeiten, auch eigenständig eine weitere Marktanalyse durchzuführen.

Neue Vertriebsformen

Die neuen Kommunikationsmedien haben in Frankreich stärker als in der Bundesrepublik Deutschland Einzug gehalten. So ist das dem deutschen BTX (Bildschirmtext) vergleichbare **TELETEL** weitaus häufiger verbreitet und vom französischen Verbraucher akzeptiert. Ende 1990 waren an das TELETEL-System mehr als 5,6 Mio. Endgeräte angeschlossen. Das TELETEL-System kann von der Bundesrepublik Deutschland über BTX mit einem Minitel-Gerät und Telefon oder Computermodem angesprochen werden. (Über den Zugang zum französischen TELETEL über BTX informiert die Deutsche Bundespost).

Über TELETEL lassen sich Anschriften, Namen und Strukturdaten potentieller Kunden oder Konkurrenten ermitteln. Eine im Rahmen von TELETEL auf die Zuliefermärkte zugeschnittene Informationsquelle ist SOUTRAITEL. Dies ist für Unternehmen ein bedeutendes Hilfsmittel zur Verbesserung der Markttransparenz. Zulieferern wird über neue Telekommunikationsmedien ermöglicht, ihre Leistungen, Produkte und Know-how anzubieten. Durch eine Zusammenarbeit mit der IHK-UTB Karlsruhe ist SOUTRAITEL auch den deutschen Unternehmen zugänglich.

DELPHES ist die umfassende Datenbank in Frankreich, die für wirtschaftliche Untersuchungen und Marktstudien eingesetzt werden kann. **DELPHES** kommt mit seinen Daten auch den Interessen kleiner und mittlerer Unternehmen entgegen. Es werden jährlich rund 1.000 Branchenverzeichnisse, Ausstellerkataloge, Marktuntersuchungen und neueste Wirtschaftsstatistiken ausgewertet. Die im allgemeinen sehr instruktiven Kurzfassungen der angeführten Referenzen erlauben in den meisten Fällen eine zufriedenstellende Auswahl der Quellen. Die Datenbank kann bei der Suche nach Marktinformationen, Konkurrenten, Firmen und deren Produktpalette sinnvoll eingesetzt werden.

Marketing

Deutsche Industriegüter genießen in der Regel einen großen Vertrauensvorschuß. Besonders hilfreich ist die Nennung von Referenzen bzw. der erfolgreiche Einsatz des Produktes bei einem französischen Kunden.

Produktqualität

Auch in Frankreich gehört der Nachweis eines anerkannten Qualitätssicherungssystems zu den wesentlichen Vertrauenselementen einer Geschäftsbeziehung. Die starken Hochtechnologiesektoren haben in Frankreich Maßstäbe gesetzt. Bei vielen Firmen ist die in Frankreich sehr populäre ISO 9000 in Vorbereitung und wird zunehmend zum Verkaufsargument.

Die Zertifizierung von Unternehmen oder Produktionsprozessen nach der Norm ISO 9000 macht in Frankreich schnelle Fortschritte. Nachdem bereits mehr als 500 Firmen in Frankreich zertifiziert wurden, erhält gegenwärtig praktisch jeden Tag ein neues Unternehmen das ISO-9000-Siegel.

Die direkten Kosten für den Erhalt eines ISO-Zertifikats in Frankreich sind nach allgemeiner Einschätzung relativ gering (ohne die Vorarbeiten im Unternehmen selbst mitzurechnen). Für einen Betrieb mit 200 Mitarbeitern werden die Gebühren für ein drei Jahre gültiges ISO-9002-Zertifikat mit 60.000 F (ca. 15.400 DM) angegeben.

Französischen Firmen werden die Kosten für die Qualitätssicherung teilweise durch Sonderfonds ihrer Regionen bezuschußt. So zahlt z.B. die Bretagne allen Unternehmen, die das Zertifikat erwerben wollen, die Hälfte des Lohnes eines Qualitätsingenieurs, die Hälfte der Kosten für die notwendige Umgestaltung des Betriebes und die Hälfte der Gebühren für das Zertifikat. Im Gebiet Rhone-Alpes verfügt die Organisation Certifi-RA über einen Fonds von 1,65 Mio. F. Mit dieser Summe können jeweils 30 Firmen zwei Jahre lang bei ihren Bemühungen um Qualitätssicherung unterstützt werden.

Die großen öffentlichen und privaten Abnehmer des Landes, EDF, SNCF oder die Automobilfirmen RENAULT und PSA, haben von ihren direkten Lieferanten schon immer eine eigene Zulassung verlangt. Diese wurde nur nach einem Audit, einer Betriebsbegehung und nach Probelieferungen erteilt. RENAULT und PSA geben an, nur noch Lieferanten zu führen, die eine Zulassung der Kategorie A besitzen.

Werbung

Die französischen Zulieferer besitzen in der Regel knappe, repräsentative Broschüren mit einer Darstellung des Firmenprofils bzw. Maschinenparks. Auch kleine Unternehmen mit weniger als 10 Mitarbeitern sind hier sehr fortschrittlich. Neben Messen und Fachkongressen ist auch der Direktversand von technischen Dokumentationen von Bedeutung. Die Werbung in Fachpublikationen und Zeitschriften ist insbesondere beim Markteinstieg und zur Imagebildung unverzichtbar.

Fachpresse

Nicht zu unterschätzen beim Aufbau des französischen Vertriebs ist die hervorragend ausgeprägte Fachpresse. Für fast jeden Abnehmerkreis gibt es ein spezielles Organ bzw. Fachblatt. Die Zeitschriften bieten sich zur Analyse des französischen Zuliefermarktes an und sind auch als Werbemedium für Zulieferprodukte für Industrie und Handwerk geeignet. (siehe Anhang)

Messen

Von herausragender Bedeutung für Zulieferprodukte ist in Frankreich die MIDEST (vgl. Anhang). Diese jährlich im Dezember in Paris stattfindende Messe ist auch von großer internationaler Bedeutung und ein Muß für Unternehmen, die sich über Entwicklung und Wettbewerb auf dem französischen Zuliefermarkt informieren wollen. Noch vor einiger Zeit fand die MIDEST abwechselnd in Paris und Lyon statt. Mittlerweile ist die Messe fest in Paris etabliert.

Allerdings ist in Lyon eine neue Messe - ALLIANCE - entstanden, die zwar weitaus kleiner als die MIDEST ist, dennoch innerhalb kürzester Zeit Bedeutung erlangt hat. Ein Großteil der französischen Zulieferer ist in der näheren Region zu Hause. Insofern bietet die Messe auch einen guten Überblick über junge aufstrebende Unternehmen, die sich noch nicht auf der MIDEST präsentieren und ein bedeutendes Entwicklungspotential besitzen.

Messen dienen in Frankreich weniger der Suche nach neuen Geschäftspartnern, sondern eher der Vertiefung der Kontakte. Die traditionell bewährten Verbindungen stehen im Vordergrund. Häufig scheitert eine erste Messebeteiligung an überzogenen Erwartungen. So ist es sicher nachteilig, einen Messestand ohne Beteiligung eines französischen Partners bzw. Repräsentanten zu buchen. Es bietet sich eine vorbereitende oder begleitende Werbung in der Fachpresse an.

Aufbau einer Vertriebsorganisation

Auch in Frankreich kommt den Vertragshändlern und Vertretern eine wesentliche Rolle bei der Erschließung des Marktes zu. Die Mittler kennen die Verhältnisse des Marktes, die Mentalitäten der Region und auch die geeigneten Wege zur Einführung neuer Produkte. Der Vertrieb von Zulieferprodukten unterscheidet sich dabei nicht von anderen technischen Produkten.

Trotz der Harmonisierung des Vertreterwesens auf EG-Ebene bleiben bedeutende Besonderheiten der französischen Bestimmungen bestehen. Der dem deutschen Handelsvertreter entsprechende "Agent commercial" hat in Frankreich eine untergeordnete Bedeutung. So sind in Frankreich nur ca. 13.000 Agents commerciaux tätig, während ca. 140.000 Vertreter ihren Beruf als V.R.P. (Voyageur, Représentant, Placier) ausüben. Zwei Drittel der V.R.P. repräsentieren ausschließlich ein Unternehmen. Bei der Suche nach Vertretern in Frankreich werden in erster Linie V.R.P. angesprochen. Deutsches Recht ist auf diese nicht anwendbar, und die Vertragsfreiheit beim V.R.P. ist eingeschränkt.

Auch die in Kraft getretene EG-Richtlinie zum Handelsvertreterrecht ist auf V.R.P. nicht anwendbar.

Einen sehr guten Überblick über das Französische Vertreter- und Vertragshändlerrecht bietet eine von der Deutsch-Französischen Industrie- und Handelskammer herausgegebene Publikation (Fachschrift Nr. 9 - Anschrift siehe Anhang).

Zusammenfassende Analyse

Die am Auf- bzw. Ausbau des Frankreichgeschäftes interessierten Zulieferer werden hier sicher kein anderes Profil der Hersteller erwarten können als in Deutschland. Die Anforderungen der französischsprachigen Kunden sind nicht weniger hoch. Auch Zulieferer kleiner bzw. mittlerer Größe sollten nicht in Deutschland Halt machen und neue Auslandsmärkte offensiv ansprechen.

Stärken und Schwächen der französischen Zulieferer

Schwächen französischer Zulieferanten:

- Firmengröße im internationalen Vergleich zu klein, zu geringer Umsatz und Wertschöpfung
- Ungünstige Fertigungsstrukturen, insbesondere kleinerer Firmen
- Mangel an Facharbeitern und Ingenieuren
- Geringe Internationalität und Marktkenntnisse
- Exportaktivität häufig nur in traditionellen Märkten, mangelnde Sprachkenntnisse bei Mitarbeitern
- Forschungsförderung nur in ausgewählten Sektoren, zu wenig auf den Mittelstand ausgerichtet
- Bisher geringe Betonung von Umweltschutz

Stärken französischer Zulieferanten:

- Geringere Aufwendungen für Lohn und Gehalt und soziale Nebenkosten
- Kooperation und Bildung von größeren Einheiten
- Geringere Aufwendungen für Personal
- Gut erschlossene Distributionskanäle in Frankreich zur verarbeitenden Industrie
- Aufgeschlossenheit gegenüber neuen Medien, EDV
- Gut strukturierte Fachpresse und Werbemedien
- Bestehende Kontakte in traditionellen Abnehmerländern durch Mentalitätsverwandtschaft
- Qualitätsgedanke (ISO 9000) ist bereits weit verbreitet und wird verstärkt als Marketinginstrument eingesetzt
- Spezialisierung der französischen Industrie in den Bereichen der Hochtechnolgieprodukte (TGV, Luft- und Raumfahrt)

Wettbewerbsstrategien auf dem französischen Markt

Für die weiteren Chancen der Zulieferer sind genaue Informationen über neue Markttendenzen bzw. die Erwartungen der Kunden notwendig. Wichtig für alle Zulieferer ist die Kenntnis der Beschaffungs- und Logistikstrategien der Hersteller. Diese folgenden Marktbedingungen sind für alle Zulieferer zwingend und sollten in die weiteren Überlegungen einbezogen werden. Dabei ist unerheblich, ob die Kunden in Deutschland oder in Frankreich beliefert werden.

- Hersteller drücken einen weiterhin starken Druck auf die Absatzpreise der Zulieferer aus. Die Hersteller der einzelnen Branchen sind gerade dabei, die lange Zeit unterschätzten Einsparungspotentiale der Wertschöpfungskette intensiv zu durchleuchten.

- Es zeichnet sich ein eindeutiger Trend zur Verringerung der Fertigungstiefe bei den Hersteller ab. Im Rahmen von Make-or-buy-Analysen werden Fertigungsprozesse verlagert, in denen der Bezug von Zulieferprodukten wirtschaftlicher ist als die Eigenproduktion. Das Beschaffungsvolumen aus dem Ausland wird steigen, um sich Preisvorteile bei ausländischen Zulieferern zu sichern.

- Qualifizierte Zulieferanten werden bereits frühzeitig in Forschungs- und Entwicklungsaufgaben eingebunden, um die Vorteile der Spezialisierung bei wachsender Produktkomplexität zu nutzen.

- Die höhere Qualifizierung der Zulieferer geht mit einer Reduzierung der Partner innerhalb des einzelnen Unternehmens einher.

- Die Zulieferer müssen zukünftig sorgfältige Lieferantenbeurteilungsverfahren über sich ergehen lassen, die neben den traditionellen Kriterien auch zunehmend qualitative Aspekte berücksichtigen. Neben Fragen zur Eigenkapitalausstattung müssen Zulieferer mit Untersuchungen der eigenen Preisstruktur und des bestehenden Kundenstamms rechnen. Nicht immer braucht die Preisstrukturanalyse nachteilig sein, wenn dabei von der Marktkenntnis eines stärkeren Partners und dessen Einkaufsmacht profitiert werden kann.

- Der Aufbau von Qualitätsüberwachungsystemen wird verstärkt. Das Ziel besteht in einer Null-Fehler-Qualität- Sicherung. Um Kosten zu sparen, wird auch der Trend zu allgemein anerkannten Bewertungen gehen (ISO 9000). Zulieferunternehmen, die diese Hürde übersprungen haben, können langfristige Verträge mit den Herstellern erwarten.

Die deutschen Zulieferer werden bereits seit Jahren mit verstärkten "Global Sourcing" Aktivitäten der Hersteller konfrontiert. Diese dürften weiter zunehmen, und auch französische Zulieferer werden den Wettbewerb erhöhen und wenn nicht als Baugruppenlieferant, dann doch als Subzulieferant auftreten.

Die derzeitigen Entwicklungen sollten nicht nur als Bedrohung, sondern auch als Chance gesehen werden, denn gerade die Spezialisierung macht die Zulieferer auch weiterhin zu einem gefragten Partner der Hersteller, die zukünftig ihre Fertigungstiefe abbauen werden. Dazu zählt, daß dem Kunden nicht nur Teile, sondern das vorhandene Entwicklungspotential bzw. Funktionen angeboten werden. Voraussetzung ist die Kenntnis der eigenen Stärkeren und deren konsequente Weiterentwicklung. Viele Zulieferer, die bisher direkt den Hersteller beliefert haben, werden zukünftig selbst als Unterlieferant des Hauptzulieferers tätig.

Ein wichtiger Aspekt ist aber auch die Problematik der Zertifizierung und der Qualitätssicherung. Hier sollte angestrebt werden, zu einheitlichen und standardisierten Verfahren zu kommen. Bei den großen Veränderungen innerhalb der europäischen Industriestruktur müssen die Zulieferer über jedes Konkurrenzdenken hinweg neue partnerschaftliche Beziehungen untereinander suchen und aufbauen. Die Errichtung von gemeinsam genutzten Qualitätszentren, wie schon in Frankreich üblich, stellt nur einen möglichen Bereich dar. Französjsche Drehteilehersteller haben in Cluses beispielsweise ein gemeinsam von allen genutztes Zentrum zur Qualitätssicherung aufgebaut.

Auch in Deutschland sollten kleinere Unternehmen Überlegungen zur Kooperation in den Bereichen, in denen keine unbedingte Konkurrenz besteht, nicht ausschließen. Die Zulieferer können den Herausforderungen der Kunden nur gemeinsam begegnen, damit diese auch in Zukunft Motor der Wettbewerbskraft der europäischen Industrie bleiben.

Maßnahmenkatalog zur Markterschließung

Zum Schluß folgen einige Hinweise zur Markterschließung. Diese sind nicht generell anzuwenden, sondern stehen in Abhängigkeit von Unternehmensgröße, Zielgruppe und vorhandenem Frankreich-Know-how. Wichtiges Kriterium einer erfolgreichen Markterschließung ist die geplante und systematische Vorgehensweise:

- Aufbau des entsprechenden Mitarbeiterstamms, Verbesserung der Sprachkenntnisse, Anpassung an internationale Mentalitäten

- Bildung von verantwortlichen Mitarbeiterteams mit regionalen Schwerpunkten: Europa bzw. Frankreich

- Einsatz neuer Fertigungstechnologien und Kommunikationsmedien, Wahrnehmung der EG - Förderung (Forschungs- und Technologieförderung)

- Kontinuierliche Marktforschung, Wahrnehmung der Marktinfor mationen von Verbänden und EG-Beratungsstellen, BfAI, Datenbanken

- Internationalisierung des Vertriebs, z.B. durch horizontale Marketingkooperation verschiedener Hersteller, die nicht in Konkurrenz zueinander stehen, aber gemeinsame Qualitätssicherung, Werbung oder Marktanalysen durchführen können

- Aufbau von Know-how der in Frankreich üblichen Qualitätssicherungssysteme und -gesellschaften

- Informationsaustausch mit französischen Unternehmen

- Zusammenarbeit mit französischen Werbeagenturen zur Erstellung von Firmenbroschüren mit Leistungsvermögen, Anpassung an frankreichspezifische Geschmacksgewohnheiten

- Auswahl der geeigneten Werbemedien für die Zielgruppe

- Aufbau des Vertriebssystems über:

  "V.R.P. multicartes" - Mehrfirmenvertreter
  "V.R.P. exclusif" - Einfirmenvertreter
  "Agent Commercial" - Handelsvertreter
  "Distributeur agrée" - zugelassene Vertreter

Anhang: Informationen zum Markt für Zulieferteile in Frankreich

Allgemeine Informationsstellen

Institut National de la Statistique et des Etudes Economiques - INSEE *Statistisches Amt*	18, bd. Adolphe Pinard 75675 Paris 14 Tel.: 1 - 45 40 12 12

Ministère de l'Industrie et de l'Aménagement du Territoire Service Des Statistiques Industrielles - SESSI *Statistische Informationen des Industrieministeriums*	85, bd. du Montparnasse 75270 Paris 6 Tel.: 1 - 45 56 41 32

Ministère du Commerce et de l'Artisanat Direction de l'Artisanat	24, rue de l'Université 75707 Paris Tel.: 1 - 45 56 40 62 Fax: 1 - 45 56 47 99

Ministerium für Handel und Handwerk,
zuständig für Zulieferunternehmen mit unter 10 Mitarbeitern

Deutsch-Französische Industrie- und Handelskammer (AHK-CFACI PARIS)	18, rue Balard 75015 Paris Tel.: 1 - 40 58 35 35

Herausgabe aktueller Informationen über die französische Wirtschaft:
Marktstudien, Konjunkturprognosen, Kreditauskünfte, Rechtsfragen u.a.

Chambre de Commerce et d'Industrie de Paris	27, avenue Friedland 75008 Paris Tel.: 1 - 56 19 900

Industrie- und Handelskammer in Paris

Französisches Generalkonsulat Handelsabteilung	Hohenstaufenring 62 5000 Köln 1 Tel.: 0221 - 20 40 00 Fax: 0221 - 20 40 077

Französische Exportförderung in der Bundesrepublik Deutschland

Hilfe beim Import französischer Lieferungen und Leistungen,
Vermittlung von Kooperations-, Joint Venture- und Lizenzpartnern
Organisiert "Beschaffungsmarkt Frankreich"
Weitere Generalkonsulate bestehen in Frankfurt, Hamburg, Leipzig, München, Stuttgart

Fach- und Berufsverbände

C.D.A.F.
6, rue Paul Cézanne
93364 Neuilly -Plaisance
Tel.: 1 - 43 08 20 20
Fax: 1 - 43 08 53 89
Franzöischer Einkäuferverband, organisiert Schulungen, Seminare

Hersteller - Fachverbände

Federation des Industries Mecaniques et Transformatrices de Metaux
39/41 rue Louis Blanc
92038 Courbevoie
Cedex 72
92038 Paris la Défense
Tel.: 1 - 47 17 60 22
Hauptverband Maschinenbau, mechanische Industrie Fax: 1 - 47 17 60 23

GIST - Groupement Intersyndical de la Sous-Traitance
39/41 rue Louis Blanc
92038 Courbevoie
Tel.: 1 - 47 17 64 96
Dachverband der französischen Verbände des Zulieferwesens Fax: 1 - 47 17 64 99

AFAQ
20, Aven. A.Prothin
92400 Courbevoie
Tel: 1-47 73 49 49
Fax: 1-47 73 49 99
Französiches Qualitätssicherungsinstitut

Syndicat National du Découpage,Emboutissage, Repoussage, Outillage de Presse S.N.D.E.
Verband der Trenn-, Tiefzieh-, Drück-, Preßwerkzeugindustrie
Cedex 72
92038 Courbevoie
Tel.: 1 - 47 17 64 10
Fax: 1 - 47 17 64 14

Syndicat Général des Fondeurs de France S.G.F.F.
Gießereiverband
2 rue Bassano
75783 Paris Cedex 16
Tel.: 1 - 47 23 55 60
Fax: 1 - 47 20 44 15

Syndicat National de l`Estampage et de la Forge S.N.E.F.
Verband der Freiform- und Gesenkschmiedeind.
Cedex 72
92038 Paris la Défense
Tel.: 1 - 47 17 64 17
Fax: 1 - 47 17 64 23

Association Francaise des Industries du Moule, Modèle et Maquette A.F.I.M.
Verband der Formen- und Modellbauer
Cedex 72
92038 Paris la Défense
Tel.: 1 - 47 17 63 57
Fax: 1 - 47 17 63 60

Syndicat National des Fabricants de
Ressorts S.N.F.R.

Cedex 72
92038 Paris la Défense
Tel.: 1 - 47 17 64 10

Verband der Hersteller von Federn

Fax: 1 - 47 17 64 14

Association Francaise de la mécanique
de haute précision MHP

Cedex 72
92038 Paris la Défense
Tel.: 1 - 47 17 63 19

Verband der Hersteller von Feinmechanik

Fax: 1 - 47 17 63 93

Chambre Syndicale de la Boulonnerie et
de la Visserie Forgées C.S.B.V.F.

Cedex 72
92038 Paris la Défense
Tel.: 1 - 47 17 64 24

Verband der Schraubenindustrie

Fax: 1 - 47 17 64 26

Syndicat national des entreprises d'application
de revetements et traitements de surfaces S.A.T.S.

Cedex 72
92038 Paris la Défense
Tel.: 1 - 47 17 64 34

Verband Oberflächenbehandlungs- u. Beschichtungsind. Fax: 1 - 47 17 64 99

Syndicat National du Décolletage
S.N.D.E.C

74000 Cluses
Tel.: 1 - 47 17 64 17

Verband der Hersteller von Drehteilen

Fax: 1 - 47 17 64 23

Syndicat General des Fondeurs de France
et Industries Connexes, Groupement
Profession. des Metaux non Ferreux
Verband der Hersteller von Gießereiprodukten

2, rue Bassano
75783 Paris 16
Tel.: 1-47 23 55 50

Messen

I.M.F. - Gesellschaft zur
Förderung Internationaler
Fachmessen in Frankreich

Cecilienallee 76
4000 Düsseldorf
Tel.: 0211/45 08 83
Fax: 0211/43 80 768

Vertretung Französischer Fachmessen und - ausstellungen

MIDEST Mondiale de la Sous-Traitance
Internationale Zuliefermesse

76, rue de la Hache
54054 Nancy
Tel.: 83 37 60 70
Fax: 83 37 60 13

Veranstalter: Groupe Blenheim
Jährlich Ende November (29.11.-3.12.93) in Paris-Nord, Villepinte
Angebote: Zuieferprodukte
Zielgruppen: Industrie , Handwerk, Forschung und Ausbildung
Gesamtfläche: 35 500 qm, Aussteller: 2.549

ALLIANCE
Internationale Zuliefermesse
Veranstalter: SepelCOM
Jährlich Mitte Mai in Lyon (11.05.-14.05.93)
BP 87
69683 Chassieu Cedx
Tel.: 72 22 31 65
Fax: 72 22 31 60

Angebote: Zuieferprodukte, Forschung und Technologie
Zielgruppen: Industrie, Handwerk, Forschung und Ausbildung
Gesamtfläche: 5000 qm, ca. 700 Aussteller, ca. 10.000 Besucher (1992)

Werbemedien - Jahrbücher

Allgemeine Zulieferprodukte, Maschinenbau, Metallbearbeitung

INDUSTRIES MECANIQUES
Hrsg.: Sedom

Aufl: 6.283; 20 x p. Jahr
39-41 rue Louis Blanc
92400 Courbevoie
Tel.: 1 - 47 17 60 00
Fax: 1 - 47 17 64 99

Herausgegeben vom Verband Maschinenbau
Zielgruppe: Industrie, Handwerk, Konstruktion
Zur Analyse des französischen Zuliefermarktes geeignet.

INDUSTRIES ET TECHNIQUES
Hrsg.: Inform. et Techn.

Aufl: 35.000; 25 x p. Jahr
60-62, rue d'Hauteville
75010 Paris
Tel.: 1 - 48 24 82 82

Zielgruppe: Industrie, Konstruktion
Als Informations- und Werbemedium für Zulieferprodukte geeignet.

L'USINE NOUVELLE

Aufl.: 62.000; wöchentlich 48 x p.Jahr
59, rue du Rocher
75008 Paris
Tel.: 1 - 44 69 55 55
Fax: 1 - 43 87 57 42

Zielgruppe: Industrie, Konstruktion
Als Informations- und Werbemedium für Zulieferprodukte geeignet.

TECHNIQUES & EQUIPMENTS DE PRODUCTION 59, rue du Rocher
75008 Paris
Tel.: 1 - 44 69 55 55
Aufl.: 12.180; 10 x p.Jahr   Fax: 1 - 43 87 05 15
Zielgruppe: Industrie, Konstruktion
Als Informations- und Werbemedium für Zulieferprodukte geeignet.

Spezielle Zulieferprodukte

MOULES MODELES ET MAQUETTES
Hrsg.: Centre d'Etudes de la Productivite
Aufl.: 3.550; 4 x p.Jahr
Cedex 72
92038 Paris la Défense

Zielgruppe: Industrie, Konstruktion
Als Informations- und Werbemedium für Werkzeug- und Formenbau geeignet.

Zuliefermarkt in Frankreich 73

DECOLLETAGE
Hrsg.:IMPRIM. DU MESSAGER
Aufl.: 3.200; 6 x p.Jahr
Zielgruppe: Industrie, Konstruktion
22, av. du Gén.de Gaulle
74021 Thonon les Bains
Tel.:
Fax: 50 71 15 16
Als Informations- und Werbemedium für Drehteile geeignet.

E.S.FONDERIE
Hrsg. E.S.F
Aufl.: 3.130; 4 x p.Jahr
Zielgruppe: Industrie, Konstruktion
46, rue Sainte Anne
75002 Paris
Tel.: 1 - 42 60 31 51
Fax: 1 - 49 27 98 79
Als Informations- und Werbemedium für Gußteile geeignet.

FONDERIE
Fonderie d'aujourd'hui,
Hrsg. Edit.Techn. des Industries de la Fonderie
Aufl.: 3.130; 4 x p.Jahr
Zielgruppe: Industrie, Konstruktion
44, av. de la divison Leclerc
92310 Sèvres
Tel.: 1 - 45 34 27 54
Fax: 1 - 45 34 14 34
Als Informations- und Werbemedium für Gußteile geeignet.

COMPOSANTS INSTRUMENTATION
ELECTRONIQUES CIE
Hrsg.: EDIT. ELSEV.THOMAS
Aufl.: 36.700; 18 x p.Jahr
Zeitschrift über elektronische Komponenten
Zielgruppe: Industrie, Management, Konstruktion
128, rue d'Aguesseau
92100 Boulogne Billancourt
Tel.: 1 - 46 03 44 99
Fax: 1 - 48 25 14 00

Beschaffung, Logistik

ACHATS ET ENTREPRISE
Hrsg.: EDIPRESSE

Aufl.: k.a., 11 x p. Jahr
16, rue Guillaume Tell
75017 Paris
Tel.: 1 - 47 66 00 05
Fax: 1 - 47 66 46 94
Zielgruppe: Verantwortliche aus den Bereichen Materialwirtschaft und Logistik

ACHATS DIRECTS PRODUCTION
Hrsg.: S.M.I.

Aufl.: 51.400., jährlich im Herbst
2, rue Ambroise Croizat
91120 Palaiseau
Tel.: 1 - 60 11 62 93
Fax: 1 - 60 11 01 72
Zielgruppe: Entscheidungsträger aus den Bereichen Technik und Produktion

Qualitätssicherung

QUALITE MAGAZINE

Hrsg.:AFCIQ
Aufl.: 8400, 4 x p. Jahr (1 x p. Jahr Spezialaugabe)
Zielgruppen: Industrielle Qualitätssicherung
61, bd. de Picpus
75012 Paris
Tel.: 1 - 43 07 08 00
Fax: 1 - 43 44 94 26

Marketing, Vertrieb

CARRIERE COMMERCIALE

Aufl.: 100.000; wöchentlich
Fachzeitschrift für Verkauf und Vertreter
Als Medium zur Vertretersuche geeignet

Bei den genannten Zeitschriften handelt es sich zwar um wichtige Publikationen im jeweiligen Sektor, aber dennoch nur um eine Auswahl. Weitere Fachzeitschriften für spezielle Sektoren sind in den TARIF MEDIA enthalten. Dort sind auch weitere Angaben zu Auflage, Formaten, Anzeigenkosten etc. verzeichnet.

TARIF MEDIA	61, av. Victor Hugo
Informationskatalog der Französischen Medien	75116 Paris 08
Auflagen, Tarife, Zielgruppen u.a.	Tel.: 1 - 45 02 17 10
	Fax: 1 - 45 01 78 84

Datenbanken - Direktmarketing

DELPHES
  Delegation à l'Information
  des Entreprises
  27, avenue de Friedland,
  75382 Paris 08
  Tel.: 1 - 42 89 72 67
  Fax: 1 - 42 89 72 86

Datenbank der IHK Paris, (420.000 Referenz., 700 neue Ref. p. Woche).
Informationen über Märkte, Produkte, Unternehmen, Wirtschaftsdaten

TELETEL
France Telecom
  Godesberger Allee 127
  5300 Bonn
  Tel.: 0228 - 37 31 06

Informationen über Teletel und die angeschlossenen Datenbanken

SOUTRAITEL
  10, place Gutenberg
  67000 Strasbourg
  Tel.: 88 32 66 55
  Fax: 88 22 31 20

Teletel-Datenbank über Zulieferkontakte,
Nutzbar für Hersteller und Zulieferanten

RIOST
  B.P. 128
  64100 Bayonne Cedex
  Tel.: 59 42 96 66
  Fax: 59 42 96 66

Internationale Organisation für Zulieferung, Kooperation und industrielle Partnerschaft. Gemeinsame Aktionen der für das Zulieferwesen zuständigen Organisationen. Sitz in Brüssel, Büro in Bayonne, Förderung des Zulieferwesens durch verstärkte Kooperation.
Information an Multiplikatoren: Verbände, Behörden, Industrie- und Handelskammern

Gabriele Winkler*

Der Baumarkt
in den Niederlanden

---

* *Frau Gabriele Winkler ist Mitarbeiterin der Deutsch-Niederländischen Handelskammer in Den Haag*

1. **Der Baumarkt in den Niederlanden**
   Prognosen zur Baumarktentwicklung 1993

2. **Orientierungs- und Einstiegshilfen**
   2.1 Der Begriff des niederländischen Generalbauunternehmers "Aannemer"
   2.2 Unterschiede in der "Baukultur" und Mentalität in Deutschland und in den Niederlanden
   2.3 Die Verbände im Niederländischen Baugewerbe
      2.3.1 Allgemeiner Baudachverband AVBB
      2.3.2 Zusammenarbeitende preisregulierende Organisation S.P.O.
   2.4 Das Baukartell in den Niederlanden
   2.5 Fachzeitschriften

3. **Ausschreibungen in den Niederlanden**
   3.1 Ausschreibungsarten
   3.2 Bedeutung für den deutschen Handwerker

4. **Leitfaden und Empfehlungen für den Markteintritt**
   4.1 Probleme, Lösungsmöglichkeiten und Chancen für den deutschen Handwerker
   4.2 Leitfaden für den Martkeintritt

Eine ausführliche Darstellung des Baumarktes in den Niederlanden findet sich in einer Studie, die von der Deutsch-Niederländischen Handelskammer in Den Haag unter dem Titel "Der Baumarkt in den Niederlanden. Eine Orientierungshilfe für deutsche Handwerker" herausgegeben worden ist und dort zum Preis von DM 150,- erworben werden kann (Postbus 80 533, NL-25 08 GM Den Haag, Telefon 0031-70-361 42 51.

1. Der Baumarkt in den Niederlanden

Tabelle 1:

Bauvolumen nach Sektoren, 1991-1993 und 1998 (in Mio. Gulden, excl. Mwst, Preise 1991)

1993 = Schätzwert   1 DM entspricht ca. 1,13 hfl
1998 = Durchschnittwert aus den Jahren 1994-1998

Sektor	1991	%	1992	%	1993	%	1998	%
Wohnungsbau								
- Neubau	11.315	-11,8	11.450	1,0	11.000	-4,0	12.450	2,5
- Renovation und Umbau	6.765	-3,3	6.340	-6,5	6.130	-3,5	5.830	-1,0
Gewerbl. Bau	17.265	3,3	16.675	-3,5	15.100	-9,5	16.275	1,5
Unterhalt von Gebäuden	12.490	1,8	12.570	0,5	12.660	0,5	13.360	1,0
Grund/Wasser/Wegebau								
- Neubau und Renovation	8.840	-1,4	9.130	3,5	9.160	0,5	10.070	2,0
- Unterhalt	1.870	1,1	1.870	0,0	1.880	0,5	2.030	1,5
Insgesamt	58.545	-1,8	58.035	-1,0	55.930	-3,5	60.015	1,5

Quelle: BOUW/WERK, EIB, 18. Jg., 1/93

TABELLE 2: Die Entwicklung des Bauvolumens 1993

	Bauvolumen insgesamt in %
Deutschland	1,5
Österreich	3,5
Belgien	1,0
Dänemark	0,5
Spanien	-2,0
Finnland	-10,0
Frankreich	-3,0
Italien	-1,5
Niederlande	-3,5
Großbritannien	-0,5
Schweden	-10,0
Schweiz	-1,0
INSGESAMT	-1,0

Quelle: BOUW/WERK, EIB, 1/93

FAZIT:

* Situation ist mit "Stagnation und Rückgang an allen Fronten" schlecht

--> **Trotzdem:** Erwartungen der niederländischen Bauunternehmer sind nicht so negativ (ergab sich aus Expertengesprächen)

--> **Folge für deutsche Handwerker:**
  - evtl. verstärkte Konkurrenz
  - niederländische Handwerker wollen evtl. auf deutschem Baumarkt Aufträge einholen
  - **deutscher Handwerker muß mit seiner Leistungsfähigkeit als auch mit Preis überzeugen**

2. Orientierungs- und Einstiegshilfen

2.1 Der Begriff des niederländischen Generalbauunternehmers "Aannemer"

In den Niederlanden werden bei nahezu allen Bau- und Renovierungsarbeiten Generalunternehmer, sogenannte "aannemers" eingeschaltet. Der "Aannemer" ist für den Auftraggeber in den meisten Fällen der erste Ansprechpartner. Er übernimmt die Baukoordination und die Auftragsvergabe an die verschiedenen Ausführenden des Baues (z.B. vergibt der "Aannemer" die Aufträge an die Maler, Maurer, Zimmerleute, Installateure etc.) Alternativ besteht die Möglichkeit, einen Architekten einzuschalten. Dies geschieht jedoch im wesentlichen nur in den Fällen, in denen beim Bau besondere Konstruktionsanforderungen und/oder gestalterische und ästhetische Aspekte eine Rolle spielen.

Der "Aannemer" vergibt die Aufträge an die Ausführenden, die in diesem Moment als "onderaannemer" bezeichnet werden, also als "Unter"aannemer" oder Subunternehmer.

Der "Aannemer" ist verantwortlich für die ausgeführten Arbeiten, d.h., er ist haftpflichtig. Er haftet aufgrund dem Kettenhaftungsgesetz auch für die Sozialversicherungsbeiträge, die Lohnsteuer und die Umsatzsteuer seiner Subunternehmer.

Der Baumarkt in den Niederlanden

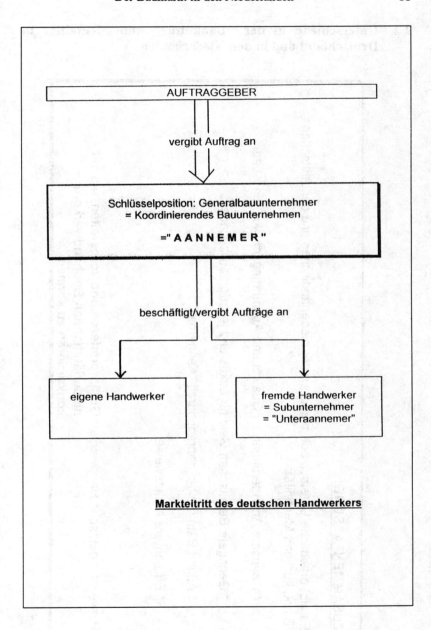

2.2 Unterschiede in der "Baukultur" und Mentalität in Deutschland und in den Niederlanden

ZUSAMMENFASSUNG:

Es gibt erhebliche Unterschiede zwischen der niederländischen und der deutschen "Baukultur" und Mentalität:

* Geringere Anforderungen an Qualität und Ausführung im Wohnungsbau.

* Geringere Bereitschaft Geld für Luxus und Komfort auszugeben.

* Ablauf Bauarbeiten geprägt durch "Aannemer".

* Effizientere Arbeitsweise.

Hinweis für deutsche Handwerker: Gut informieren und vorbereiten, um mit niederländischen Bauhandwerkern konkurrieren zu können.

Der Baumarkt in den Niederlanden 83

2.3 Die Verbände im Niederländischen Baugewerbe

2.3.1 Allgemeiner Baudachverband AVBB

Algemeen Verbond Bouwbedrijf (AVBB)
Postbus 90603
2509 LP Den Haag
Tel.: 070-3286200
Fax.: 070-3244900

Der Verband vertritt gemeinsame Interessen der ausführenden Baubetriebe. Ihm sind 9 Organisationen angeschlossen, darunter der

Nederlands Verbond van Ondernehmers in de Bouwnijverheid (NVOB)
(Niederländischer Verband von Unternehmern im Baugewerbe)
Postbus 320
3740 AH Baarn
Tel.: 02154-27911
Fax.: 02154-11044

als größte Vereinigung von Unternehmen im Baugewerbe mit ca. 4 800 angeschlossenen Mitgliedern.

2.3.2 Zusammenarbeitende preisregulierende Organisation S.P.O.

Im Zusammenhang mit den Verbänden muß auch die

> **"Vereinigung van Samenwerkende Prijsregelende Organisaties in de Bouwnijverheid - S.P.O."**

(Zusammenarbeitende preisregulierende Organisation des Baugewerbes) genannt werden.

Ein z.B. im NVOB organisiertes Mitglied ist verpflichtet, ihm "zu Ohren" gekommene Bauaufträge (ohne Berücksichtigung, ob diese von öffentlicher oder privater Hand stammen) anzumelden. Die Anmeldung erfolgt bei der S.P.O., die dann gemeinsame Preisverhandlungen organisiert.

2.4 Das Baukartell in den Niederlanden

DAS BAUKARTELL IN DEN NIEDERLANDEN:

DIE PROBLEMATIK:

Kartellregelung in den Niederlanden:
Kartelle sind grundsätzlich zugelassen.

Das sog. niederländische Baukartell umfaßt:
- Meldepflicht der Mitglieder beim Bekanntwerden von Angeboten.
- Submissionsversammlung.
- Preisvergleich und Feststellung des Berechtigten.
- Vergütung der Submissionskosten.

VERÄNDERUNGEN IM LETZTEN JAHR:

1. Es findet keine Verdingungssitzung mehr statt.
2. Die Submissionskosten werden nicht mehr vergütet.

3. Ausschreibungen in den Niederlanden
3.1 Ausschreibungsarten

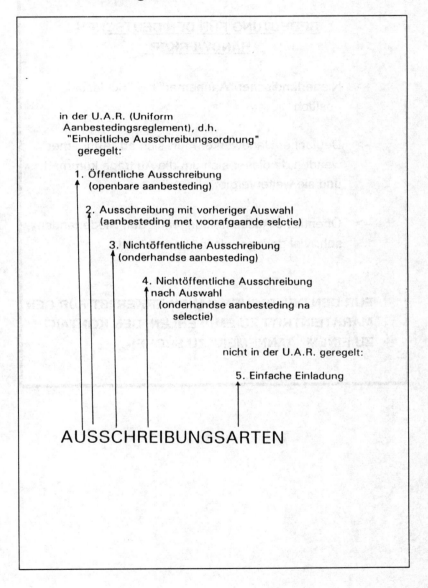

3.2 Bedeutung für den deutschen Handwerker

BEDEUTUNG FÜR DEN DEUTSCHEN HANDWERKER:

--> Niederländischer "Aannemer" hat "Schlüsselposition"

--> Deutscher Handwerker muß sich an "Aannemer" wenden, da dieser sich um die Aufträge kümmert und sie weitervergibt.

--> Öffentliche Ausschreibungen in den Niederlanden sehr viel geringer als in Deutschland.

FÜR DEN DEUTSCHEN HANDWERKER IST FÜR DEN MARKTEINTRITT ZU EMPFEHLEN, DEN KONTAKT ZU EINEM "AANNEMER" ZU SUCHEN.

4. Leitfaden und Empfehlungen für den Markteintritt

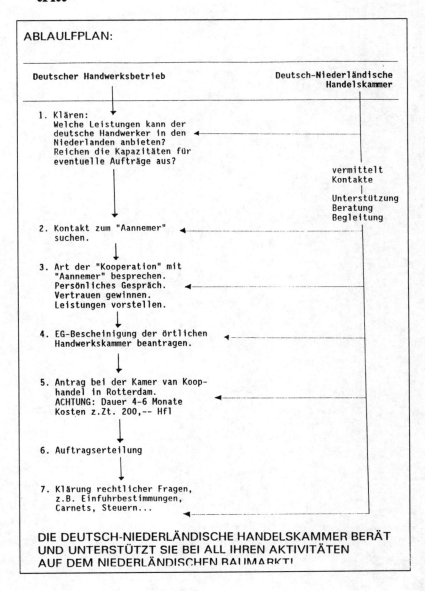

Elke Rieckhof*

Der Baumarkt
in Belgien und Luxemburg

---

* Dipl.-Volkswirtin Elke Rieckhof ist wissenschaftliche Mitarbeiterin bei der IABG-Industrieanlagen-Betriebsgesellschaft, Trier

1. Einführung

Die folgenden Ausführungen beruhen weitgehend auf den Ergebnissen einer Untersuchung mit dem Titel "Angrenzende Auslandsmärkte für das rheinland-pfälzische Handwerk", die im letzten Jahr im Auftrag der Arbeitsgemeinschaft der Handwerkskammern Rheinland-Pfalz von der IABG in Zusammenarbeit mit der Deutsch-Belgisch-Luxemburgischen Handelskammer in Brüssel und dem Seminar für Handwerkswesen an der Universität Göttingen, erstellt worden ist. Diese Untersuchung hatte zum Ziel, Marktchancen für rheinland-pfälzische Handwerksunternehmen in den benachbarten Ländern Luxemburg, Belgien und Frankreich - dort vor allem in Lothringen und im Elsaß - aufzuzeigen. Zusätzlich sollten Hinweise zur Vorbereitung des Markteintritts und Empfehlungen hinsichtlich der anzuwendenden Marktstrategien gegeben werden.

Außerdem werden einige Daten und Folgerungen aus einem kürzlich abgeschlossenen EG-Projekt " Die Lage der kleinen Unternehmen und Handwerksbetriebe in den Grenzregionen" aufgenommen, das ebenfalls von der IABG in Zusammenarbeit mit der Handwerkskammer Trier sowie den Handwerkskammern aus dem Saarland und aus Luxemburg, der debelux und dem Seminar für Handwerkswesen in Göttingen erarbeitet worden ist.

Die IABG - Industrieanlagen-Betriebsgesellschaft ist eine Unternehmensberatung in Trier, die unter anderem für Verwaltung, Kommunen und Verbände Untersuchungen zur regionalen Entwicklung, Standortplanung, Verkehrsfragen sowie Marktuntersuchungen durchführt.

2. Struktur des Bausektors in Belgien und Luxemburg

2.1 Nachfrageentwicklung und -struktur

Belgien ist geprägt durch die drei Regionen Brüssel, Flandern und Wallonien und die sprachlichen Unterschiede zwischen den Regionen. Ein sehr starker wirtschaftlicher Impuls ging in den vergangenen Jahren von Flandern und von dem Raum Brüssel aus, der sich immer mehr zu einem bedeutenden europäischen Dienstleistungszentrum entwickelt. Die einstige Stahlmetropole Wallonie hingegen hat noch mit dem Strukturwandel zu kämpfen, der sich aus dem Niedergang der Eisen- und Stahlindustrie ergibt.

Übersicht 1: Baugenehmigungen in Belgien

Baugenehmigungen für Nutzbauten 1990

Belgien insgesamt	9.834
Flämische Region	6.384
Wallonische Region	3.305
Brüssel (nur Stadtbezirk)	145

Baugenehmigungen im Wohnungsbau 1990

Belgien insgesamt	33.855
Flämische Region	24.929
Wallonische Region	8.267
Brüssel (nur Stadtbezirk)	659

Altbaurenovierungen im Nutzbau

Belgien insgesamt	12.095
Flämische Region	8.394
Wallonische Region	3.934
Brüssel (nur Stadtbezirk)	323

Altbaurenovierungen im Wohnungsbau 1990

Belgien insgesamt	44.044
Flämische Region	30.298
Wallonische Region	12.482
Brüssel (nur Stadtbezirk)	1.284

Diese regionalen Unterschiede schlagen sich auch in der Baunachfrage nieder. Übersicht 1 gibt einen Überblick über die in 1990 erteilten Baugenehmigungen. Daraus läßt sich ersehen, daß auf die Provinz Flandern etwa zwei Drittel der Genehmigungen im Neubau und drei Viertel der Baugenehmigungen im Altbau entfallen, während der Anteil Flanderns an der belgischen Bevölkerung bei etwas über der Hälfte liegt. Insgesamt hat die Baukonjunktur seit Mitte der 80er Jahre einen positiven Verlauf genommen; seit 1990 ist jedoch eine deutliche Abschwächung zu verzeichnen, die vor allem im öffentlichen Bausektor aufgrund der Finanzknappheit der öffentlichen Hand durchschlägt.

Der Zugang zum Baumarkt in Belgien ist für deutsche Handwerker schwierig, da Belgier generell einheimische Handwerker bevorzugen. Außerdem sind die von der Nachfrage her interessanten Märkte relativ weit entfernt; das an Deutschland angrenzende Wallonien ist außer im früheren deutschen ostwallonischen Grenzgebiet französischsprachig und von daher schwerer zu bearbeiten.

Doch gibt es einige Marktsegmente, die für deutsche Handwerker von Interesse sein können. Dazu gehört in erster Linie die Altbausanierung, etwa Holzarbeiten, trockener Innenausbau und Fassadengestaltung, wobei wärme- und schalldämmende Maßnahmen, aber auch die Verwendung ökologisch unbedenklicher Materialien wichtige Nachfrageelemente darstellen.

Im privaten Wohnungsbau haben deutsche Anbieter Chancen in den Bereichen "Schlüsselfertiges Bauen" und im ökologischen Holzbau, da diese Marktsektoren an Bedeutung gewinnen, wenngleich nur ein sehr kleiner Kundenkreis dafür in Frage kommt, vornehmlich Kunden der Altersklasse über 40 Jahre mit gehobenem Einkommen. Auf diesen Teilmärkten sind belgische Anbieter bisher kaum vertreten. Weitere interessante Marktsegmente sind im Fensterbau zu finden, vorzugsweise bei Spezialfenstern, die mit wärme- und schalldämmenden Scheiben bzw. Sicherheitsglas und Sicherheitsbeschlägen ausgestattet sind.

Die Gesamtheit der Haus- und Versorgungstechnik stellt für deutsche Handwerker einen Markt mit Zukunftschancen dar, und zwar vor allem für Unternehmen, die auf Heizungs-, Klima- und Lüftungstechnik sowie technisch anspruchsvolle Arbeiten auf dem Gebiet der Haussteuerung und -überwachung bei gewerblichen Gebäuden spezialisiert sind.

In der **luxemburgischen** Wirtschaft hat der Dienstleistungssektor in den letzten 20 Jahren eine dominierende Rolle gewonnen, während die früher so bedeutsame Eisen- und Stahlindustrie an Bedeutung verloren hat. Der Baubereich wird durch die positive Wirtschaftsentwicklung Luxemburgs stimuliert. Seit 1986 stieg die Anzahl der Baugenehmigungen stark an, wenn auch in den letzten zwei Jahren eine Verlangsamung der Baunachfrage zu verzeichnen ist. Übersicht 2 gibt die Baugenehmigungen in 1991 wieder. Von der Entwicklung haben besonders der an Deutschland angrenzende Bezirk Grevenmacher und die Stadt Luxemburg profitiert, die zu einem bedeutenden europäischen Finanzzentrum mit entsprechend hohen Bedarf an Büro- und Verwaltungsbauten herangewachsen ist.

Übersicht 2: Baugenehmigungen in Luxemburg

Baugenehmigungen 1991	
Wohngebäude	1.722
Einfamilienhäuser	1.469
Mehrfamilienhäuser	253
Nutzbauten (Anzahl)	343
Nutzbauten 1000 qm Fläche	2.592
Umsatz im Hochbau 1990:	17.668 Mio LUF
Umsatz im Tiefbau 1990:	11.944 Mio LUF

Für Luxemburg sind einzelne Marktsegmente nur schwer zu bezeichnen, da deutsche Handwerker - vor allem aus der angrenzenden Region Trier - Zugang zu fast allen Teilmärkten finden und auch von den Kunden bei der Auftragsvergabe berücksichtigt werden. Besonders gute Chancen bieten sich für das Ausbaugewerbe z.b. im gewerblichen Innenausbau und beim Ladenbau, aber auch in der Altbausanierung. Deutsche Handwerker sind gefragt bei privaten Bauherren gehobener Einkommensklassen, die Wert auf Qualität und modernes Design legen. Das trifft besonders auf das holz- und kunststoffverarbeitende Gewerbe zu, wo luxemburgische und belgische Handwerksunternehmen den Markt der eher traditionell gearbeiteten Fenster, Türen und Treppen bedienen, während deutsche Anbieter für die anspruchsvoll gestalteten Arbeiten bevorzugt werden.

Im gesamten Bereich der Gas-, Wasser und Elektroinstallationen sowie der Heizungs-, Klima- und Lüftungstechnik sind deutsche Handwerker sowohl im gewerblichen als auch im privaten Hochbau gesucht, wobei energiesparende Systeme, Haus- und Gebäudesteuerung und sonstige technologisch fortgeschrittene Lösungen besonders nachgefragt werden.

2.2 Angebotsstruktur (Konkurrenzsituation)

Die Wettbewerbssituation von deutschen Handwerksunternehmen in Belgien und Luxemburg ergibt sich aus dem Vergleich von Anzahl und Größe der heimischen Unternehmen, der Kostensituation und der Ausbildungssysteme beider Länder.

Die Übersichten 3 bis 6 am Ende dieses Beitrages stellen die Struktur von handwerklichen Unternehmen hinsichtlich der Handwerksdichte und der Betriebsgröße dar. Daraus ist zu ersehen, daß die Handwerksunternehmen in Luxemburg deutlich größer sind als die in den übrigen Ländern. Im Hochbau sind durchschnittlich viermal soviel Arbeitnehmer pro Betrieb beschäftigt wie in Deutschland und Belgien, im Elektrohandwerk und im Handwerk Sanitär Heizung Klima doppelt soviele.

Der Grund ist vor allem darin zu sehen, daß in Luxemburg eine große Zahl - etwa 1700 - von ausländischen Betrieben mit Niederlassungen vertreten sind, die zumeist zu den größeren Unternehmen gehören. Aus den Übersichten 7 und 8 am Ende dieses Beitrages, die die erteilten Gewerbegenehmigungen absolut und prozentual nach Ländern wiedergeben, ist zu sehen, daß während des Baubooms in den Jahren 1988 und 1989 in Luxemburg mehr ausländische Unternehmen registriert waren als einheimische. Erst mit Nachlassen der Baunachfrage hat sich die Zahl wieder angeglichen.

Entsprechende Angaben über die Zahl der an ausländische Handwerker erteilte Gewerbegenehmigungen gibt es für Belgien nicht. Es sind jedoch nicht sehr viele, da der Zugang zum belgischen Markt eher schwierig ist, wie noch dargelegt wird, und belgische Kunden die Beauftragung heimischer Handwerker vorziehen. Die meisten belgischen Handwerksbetriebe sind relativ klein (Ausnahme Großraum Brüssel) und bieten einen umfangreichen, auf ihre Kunden bezogenen Service mit Bereitschaftsdiensten rund um die Uhr und am Wochenende.

Die Kostensituation stellt sich in Belgien und Luxemburg wesentlich günstiger dar als in Deutschland, vor allem hinsichtlich der Arbeitskosten. In Belgien liegen die Arbeitskosten etwa 10%, in Luxemburg bis zu 15% niedriger als in der benachbarten deutschen Region. Dabei schlagen in Luxemburg die wesentlich geringeren Lohnnebenkosten - bei etwa gleich hohen Durchschnittslöhnen -, in Belgien, das sehr hohe Soziallasten zu verzeichnen hat, die niedrigeren Arbeitslöhne zu Buche.

Allerdings können die Unterschiede in den Arbeitskosten durch die in Deutschland höhere Arbeitsproduktivität aufgefangen werden. Dabei spielt nicht nur die zumeist bessere technische Ausstattung vieler deutscher Handwerksunternehmen eine wichtige Rolle, sondern auch der Ausbildungsstand der Arbeitnehmer in Deutschland.

Luxemburg besitzt ein dem deutschen ähnliches duales Ausbildungssystem. Im Handwerk sind jedoch zu 80% ausländische Arbeitskräfte beschäftigt, die häufig schlechter ausgebildet sind und erst in der zweiten Generation von dem hohen Ausbildungsstandard in Luxemburg profitieren.

In Belgien wird im Handwerksbetrieb ausgebildet, so daß in den eher traditionellen Gewerken eine gute handwerkliche Ausbildung zu verzeichnen ist, Gewerke mit starkem technischen Wandel wie im SHK-Bereich weisen jedoch zunehmend Ausbildungsmängel auf, die von den belgischen Handwerksorganisationen häufig beklagt werden.

Zusammenfassend läßt sich daraus folgern, daß trotz der Kostenunterschiede gute Chancen für deutsche Handwerker im benachbarten Ausland, besonders in Luxemburg, bestehen, und zwar vor allem in Marktsegmenten, in denen qualitativ hochwertige Produkte und Leistungen nachgefragt werden, die technisch und gestalterisch anspruchsvoll sind. Kunden dafür sind sowohl im gewerblichen Ausbau zu finden als auch bei privaten Bauherren gehobener Einkommensgruppen.

2. Marktzugangsbestimmungen

2.1 Erteilung der Gewerbegenehmigung

Zur Durchführung von handwerklichen Arbeiten ist sowohl in Belgien als auch in Luxemburg eine Gewerbegenehmigung erforderlich, Während in Luxemburg die Gewerbegenehmigung unter Vorlage der EG-Bescheinigung und einer Nicht-Konkurs-Bestätigung problemlos beantragt werden kann und innerhalb von sechs Wochen erteilt wird, ist dies in Belgien mit großen Schwierigkeiten verbunden und kann bis zu ein Jahr in Anspruch nehmen.

In der Übersicht 9 sind die Voraussetzungen, die vor der Aufnahme von Arbeiten in Belgien zu erfüllen sind, zusammengestellt. Zusätzlich zur Gewerbegenehmigung ist eine Handelsregistereintragung und für Unternehmen des Baugewerbes eine spezielle Registrierung erforderlich. Die Beantragung der Gewerbegenehmigung setzt das Vorliegen eines Auftrags und die bereits erfolgte Zuteilung einer Mehrwertsteuernummer voraus. Diese kann nur durch Einschaltung eines sog. Fiskalvertreters erlangt werden, der gegenüber dem belgischen Finanzamt die Haftung übernimmt und entsprechend hohe Gebühren berechnet.

Das Problem liegt darin, daß ein Auftrag erst angenommen werden kann, wenn die Gewerbegenehmigung erteilt ist, für diese jedoch die Mehrwertsteuernummer zwingend erforderlich ist, die wiederum das Vorhandensein eines Auftrages voraussetzt. Eine Lösung aus diesem Dilemma wird meist die Zusammenarbeit mit einem belgischen Partner sein, der einen Pro-Forma-Auftrag erteilt. Von der Durchführung von Arbeiten ohne Genehmigung muß abgeraten werden, da die Einhaltung dieser Bestimmungen streng kontrolliert und sowohl beim Handwerker als auch bei seinem Kunden geahndet wird.

Übersicht 9: Voraussetzungen für die Durchführung von Arbeiten im Baugewerbe in Belgien:

Gewerbegenehmigung
- EG-Bescheinigung
- Erteilte Mehrwertsteuernummer
- Vorliegen eines Auftrags
- Beauftragung eines Fiskalvertreters
  (Ausnahme: einmalige, geringfügige Tätigkeit)
  (Ausnahme des Großraums Brüssel)

Handelsregistereintragung
- Gewerbekarte
- Konto in Belgien

Registrierung von Baufirmen
- Gewerbekarte, Handelsregistereintragung
- Liste der beschäftigten Arbeitnehmer
- Bescheinigung der Einzahlung in den Existenzsicherungsfond

Die spezielle Registrierungspflicht für Bauhandwerker muß jeweils in jeder Provinz, in der gearbeitet wird, erfolgen, und zwar jeweils in der Landessprache. Außerdem muß jede Baustelle angezeigt werden und bei jedem Auftrag, auch bei Nachbesserungen und Wartungen, muß der jeweils beauftragte Mitarbeiter bei der Polizei angemeldet werden. Daraus ergibt sich, daß die Bearbeitung von Aufträgen in Belgien eine erhebliche Vorlaufzeit erfordert und nur sinnvoll ist, wenn eine längere Geschäftstätigkeit dort geplant ist.

2.2 Öffentliches Auftragswesen

Der Zugang zum benachbarten Auslandsmarkt wird für den deutschen Handwerker zwar meist über private Kunden erfolgen. Bei stärkerer Vertrautheit mit den Marktbedingungen kann aber auch die Bewerbung um öffentliche Aufträge interessant sein.

In Luxemburg werden öffentliche Aufträge, vor allem auf kommunaler Ebene, im "Luxemburger Wort" ausgeschrieben. Das Euro-Info-Centre Trier bietet einen Dienst hinsichtlich der Auswertung und Übersetzung der meist französischsprachigen Ausschreibungen für deutsche Handwerker an und gibt auch Hinweise zur Erlangung der Ausschreibungsunterlagen. Im allgemeinen werden die auch in Deutschland üblichen Nachweise der Leistungsfähigkeit und ggfs. eine Auftragserfüllungsbürgschaft verlangt.

In Belgien ist für die Bewerbung um öffentliche Aufträge ein Präqualifikationsverfahren erforderlich. Es gibt ein umfangreiches Klassifizierungssystem für Bauunternehmen mit Haupt- und Unterklassen, wobei die Qualifizierung für eine Hauptklasse nicht automatisch die Qualifizierung für alle Unterklassen mit einschließt. Die Anforderungen, die dafür an Größe, Mitarbeiterzahl, Umsatz und Erfahrungsnachweisen gestellt werden, sind so hoch, daß auch belgische handwerkliche Unternehmen meist auf die Präqualifikation verzichten, zumal der Staat in Belgien als säumiger Zahler bekannt ist.

3. Förderprogramme und -maßnahmen

Es soll kurz auf einige Fördermaßnahmen für mittelständische Betriebe in Belgien und Luxemburg eingegangen werden, da es für einige deutsche Handwerksunternehmen von Interesse sein kann, eine Niederlassung im benachbarten Ausland zu errichten, sei es, weil in Luxemburg die steuerlichen und Kostenvorteile dazu anreizen oder in Belgien die Überlegung im Vordergrund steht, daß die Gründung einer Niederlassung nicht aufwendiger ist als die Beantragung der Gewerbegenehmigung und zusätzlich den Vorteil bietet, auf den Fiskalvertreter und die ständig neue Anmeldung der beauftragten Arbeitnehmer verzichten zu können.

Im folgenden wird ein Vergleich der Förderbeträge für eine Betriebsgründung in Deutschland, Belgien und Luxemburg, bei der jeweils ein Investitionsvolumen von DM 500.000 angenommen wurde, angestellt. Bei einer Investitionssumme von DM 500.000 und Inanspruchnahme der maximal möglichen Fördermittel, die zur Existenzgründung gewährt werden, errechnen sich die folgenden Subventionswerte - kapitalisiert auf die gesamte Laufzeit der gewährten Darlehen bzw. Zuschüsse:

Rheinland-Pfalz:	ca.	50.000 DM
Saarland	ca.	70.000 DM
Wallonien	ca.	90.000 DM
Flandern	ca.	80.000 DM
Luxemburg	ca.	150.000 DM

Außerdem werden unterschiedliche hohe steuerliche Vergünstigungen und Anreize zur Gewerbeansiedlung gewährt.

4. Folgerungen

Aus den Ausführungen ergibt sich, daß der luxemburgische Markt für deutsche Handwerksunternehmen von besonderem Interesse ist. Obwohl auch in Luxemburg die Baukonjunktur deutlich nachgelassen hat, ist die Nachfrage immer noch größer als das Angebot der heimischen Betriebe im Baugewerbe. In sehr arbeitsintensiven Gewerken wie etwa dem Tiefbau oder dem Fliesenlegerhandwerk hat der deutsche Handwerker aufgrund der höheren Arbeitskosten zweifellos weniger Chancen; in den anderen Gewerken, vor allem im holz- und kunststoffverarbeitenden Gewerbe und in der Haus- und Versorgungstechnik, ist seine Qualitätsarbeit jedoch gefragt. Dabei ist von Vorteil, daß es in Luxemburg keine Sprachprobleme gibt, da die meisten Luxemburger dreisprachig sind, ja sogar auf beiden Seiten der Grenze Luxemburgs zu Rheinland-Pfalz derselbe Dialekt gesprochen wird.

Für die Akquisition gewerblicher und auch öffentlicher Aufträge empfiehlt es sich, Kontakte mit den an der Ausschreibung beteiligten Architekten oder Planungsbüros aufzunehmen, da sie in Luxemburg bei der Vergabe von Aufträgen eine wichtige Rolle spielen, wie auch persönliche Kontakte aufgrund der Überschaubarkeit des Landes bei Anknüpfung von Geschäftsbeziehungen in Luxemburg sehr hilfreich sind.

Die Durchführung von Arbeiten in Belgien kann nur empfohlen werden, wenn eine längere Geschäftstätigkeit in Belgien beabsichtigt wird. Dabei ist zur Erleichterung des Markteintritts die Zusammenarbeit mit einem belgischen Partner anzuraten, der sprachliche Barrieren überbrückt und ggfs. auch Wartungs- und Reparaturarbeiten übernehmen kann, da diese Tätigkeiten bei der Beauftragung von Handwerkern in Belgien einen hohen Stellenwert haben.

In jedem Falle empfiehlt es sich, Beratungen hinsichtlich der gewerkespezifischen Marktchancen und der anzuwendenden Marktstrategien einzuholen. Die rheinland-pfälzischen Handwerkskammern verfügen über fundierte Kenntnisse der benachbarten Auslandsmärkte. Die Ergebnisse der vorgestellten Marktuntersuchung sind in vier Bänden gewerkespezifisch dokumentiert und liegen bei den Handwerkskammern vor.

Übersicht 3: Elektroinstallateure

	Betriebe	Beschäftigte	Beschäftigte/ Betrieb	Einwohner	Betriebe/ 1.000 EW	Beschäftigte/ 1.000 EW
Deutschland						
Rh.-Pfalz	2394	8000	-	3.764.000	0,6	2,1
Saarland	636	3000	-	1.073.000	0,6	2,8
Frankreich						
Lothringen	855	x	x	2.302.000	0,4	x
Elsaß	627	x	x	1.618.000	0,4	x
Belgien						
Wallonien	582	3401	6	3.244.000	0,2	1
Flandern	1090	7096	7	5.740.000	0,2	1,2
Brüssel	178	2026	11	964.000	0,2	2,1
Luxemburg	206	2608	13	384.000	0,5	6,8

Seminar für Handwerkswesen an der Uni Göttingen

Anmerkungen:
Betriebe, Beshäftigte: Stand 01.01.1992 (Belgien: 01.01.1991)
Einwohner: Stand 01.01.1991

x   Daten nicht verfügbar
-   Eine Auswertung ist nicht möglich, da die Daten über Betriebe und Beschäftigte aus verschiedenen Statistiken stammen.

Quellen:
Deutschland: Handwerksrolle der Handwerkskammern in Rheinland - Pfalz und des Saarlands (Betriebe). RWI- Handwerksberichte 1991/1992 (Beschäftigte).

Frankreich: Handwerksrolle der Handwerkskammern aus Lothringen und dem Elsaß.

Belgien: INS / ONSS

Luxemburg: Chambre de Metiers Luxembourg: Statistiques de l'artisanat 1991

Übersicht 4: Maurer / Beton- und Stahlbauer

	Betriebe	Beschäftigte	Beschäftigte / Betrieb	Einwohner	Betriebe/ 1.000 EW	Beschäftigte/ 1.000 EW
Deutschland						
Rh.-Pfalz	2116	34200 1)	-	3.764.000	0,6	8,9
Saarland	422	7000 1)	-	1.073.000	0,4	6,5
Frankreich						
Lothringen	1986	x	x	2.302.000	0,9	x
Elsaß	1007	x	x	1.618.000	0,6	x
Belgien						
Wallonien	2270	19020	8	3.244.000	0,7	5,5
Flandern	4715	42436	8	5.740.000	0,8	6,5
Brüssel	442	6822	15	964.000	0,5	7,1
Luxemburg	238	8874	37	384.000	0,6	23,1

Seminar für Handwerkswesen an der Uni Göttingen

Anmerkungen:

In Belgien: Maurer und Betonbauer

1) einschließlich Straßenbauer

weitere Anmerkungen siehe Übersicht 3

Übersicht 5: Tischler (Schreiner)

	Betriebe	Beschäftigte	Beschäftigte/ Betrieb	Einwohner	Betriebe/ 1.000 EW	Beschäftigte / 1.000 EW
Deutschland						
Rh.-Pfalz	2720	9000	-	3.764.000	0,7	2,3
Saarland	576	2800	-	1.073.000	0,5	2,6
Frankreich						
Lothringen	1283	x	x	2.302.000	0,6	x
Elsaß	1089	x	x	1.618.000	0,7	x
Belgien						
Wallonien	1032	4442	4	3.244.000	0,3	1,4
Flandern	2754	12126	4	5.740.000	0,5	2,1
Brüssel	139	741	5	964.000	0,1	0,8
Luxemburg	187	1249	7	384.000	0,5	3,25

Seminar für Handwerkswesen an der Uni Göttingen

Anmerkungen:
Belgien: Bautischler und Parkettleger
Frankreich: BAutischler und Möbeltischler
Deutschland einschließlich Parkettleger, Rolladen- und Jalousiebauer

weitere Anmerkungen siehe Übersicht 3

Übersicht 6: Sanitär - Heizung - Klima

	Betriebe	Beschäftigte	Beschäftigte/ Betrieb	Einwohner	Betriebe/ 1.000 EW	Beschäftigte/ 1.000 EW
Deutschland Rh.-Pfalz	2354	11200	-	3.764.000	0,6	2,9
Saarland	466	3600	-	1.073.000	0,4	3,4
Frankreich						
Lothringen	808	x	x	2.302.000	0,4	x
Elsaß	414	x	x	1.618.000	0,3	x
Belgien						
Wallonien	1119	4418	4	3.244.000	0,3	1,4
Flandern	1801	8001	4	5.740.000	0,3	1,4
Brüssel	308	3216	10	964.000	0,3	3,3
Luxemburg	117	2096	18	384.000	0,3	5,5

Anmerkungen:
Seminar für Handwerkswesen an der Uni Göttingen
weitere Anmerkungen siehe Übersicht 3

Der Baumarkt in Belgien und Luxemburg 105

Übersicht 7: Entwicklung der erteilten Gewerbegenehmigungen von Ausländern in Luxemburg

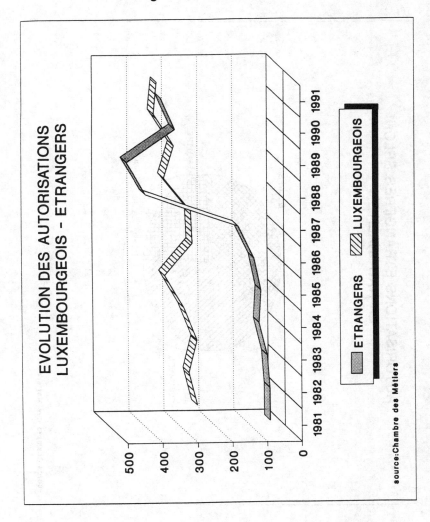

Übersicht 8: Erteilte Gewerbegenhmigungen an Ausländer in Luxemburg nach Herkunftsländern 1981 - 1991 (in %)

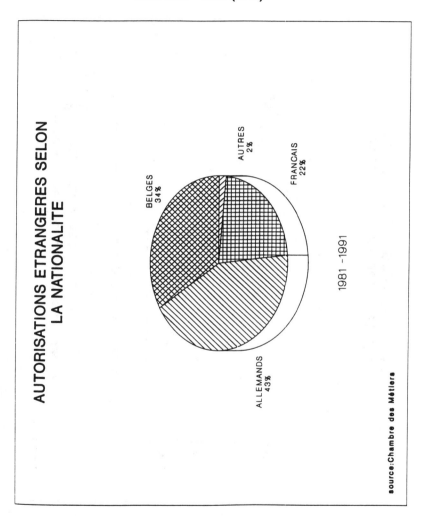

Rolf Gergen*

Der Baumarkt in Frankreich

* *Rolf Gergen ist Geschäftsführer der socomar s.à.r.l. in Forbach/Frankreich*

Seit dem 1. Januar 1993 ist der große gemeinsame Binnenmarkt Wirklichkeit geworden. Zwischen den 12 Mitgliedstaaten existieren keine Zollgrenzen, keine "sichtbaren" Grenzen mehr. Es besteht also grenzenloser freier Verkehr von Personen, Kapital, Waren und Dienstleistungen. Ein Markt mit gigantischen Dimensionen, sowohl von der räumlichen Ausdehnung als auch von dem Marktvolumen her gesehen. Exporte innerhalb dieses Europa wurden zu "innergemeinschaftlichen Lieferungen" und Importe zu "innergemeinschaftlichen Erwerben". Grenzformalitäten und -kontrollen fielen weg, Fahrzeuge mit Lieferungen, mit Baustelleneinrichtungen oder mit Werkzeugen und Geräten passieren ungehindert die früheren Grenzen.

Dieser Markt bietet außergewöhnliche Chancen für clevere Unternehmer: Europäer und Nicht-Europäer. Wo außergewöhnliche Chancen sind, müssen zwangsläufig auch außergewöhnliche Risiken bestehen. Jede Einnahme ist eine Ausgabe, jede Lieferung ein Erwerb. Wo wir die Chance eines Auftrages sehen, müßte der Wettbewerber einen Auftragsverlust befürchten. Der Markt ist im wesentlichen gleich geblieben - der Kuchen und die Tischrunde sind gleich geblieben. Die Marktanteile werden jedoch neu verteilt. Der Wettbewerb wird härter, je näher man an den Schnittstellen der früheren Grenzen sitzt. Große fressen Kleine, Schnelle fressen Langsame.

Beratungsinstitutionen und -unternehmen fallen hohe Verantwortungen und Aufgaben zu. Während die großen Unternehmen ihr Europa bereits vorweggenommen haben (Fiat ist in Deutschland deutsch, Volkswagen ist in Frankreich französisch, Michelin ist in Deutschland ein deutsches Unternehmen usw.), ergeben sich für Klein- und Mittelunternehmen neue unternehmerische Aufgaben und Herausforderungen. Euromarketing ist angesagt.

Hier beginnen die Probleme; in welchem Klein- oder Mittelbetrieb, in welchem Handwerksunternehmen werden Marketingüberlegungen angestellt? In welchem Unternehmen bestehen mittel- oder langfristige Unternehmens- und Marketing- Konzepte und -Pläne? Wo sind ausländische bzw. europäische Märkte in die Pläne eingebaut?

Die Regierung des Saarlandes (Wirtschaftsministerium) bietet beispielsweise saarländischen Unternehmen im Rahmen einer "Außenwirtschaftsförderung" finanzielle Unterstützung bei der Erarbeitung von Arbeits- und Marketing-Konzepten für die Bearbeitung ausländischer, so auch europäischer Märkte an. Für das Saarland und seine Wirtschaft ist natürlich der westliche Nachbar Frankreich als der wichtigste ausländische Handelspartner von hervorragender Bedeutung. Dies gilt übrigens für die deutsche Wirtschaft insgesamt und umgekehrt auch für die französische Volkswirtschaft. Ähnliche Programme dürften nach uns vorliegenden Informationen auch in den übrigen Bundesländern existieren.

Die Gesellschaft socomar (societé de conseil marketing) und saarmarco, beide mit Sitz im französischen Forbach und in Saarbrücken, befassen sich hauptsächlich mit der Marketing- und Vertriebsberatung für den französischen Markt. Die Geschäftsführung dieser Unternehmen besitzt eine mehr als 20-jährige Erfahrung im deutsch-französischen Geschäft und hat neben einer Vielzahl von festen privaten und institutionellen Kunden ständige Beratungskunden der unterschiedlichsten Branchen.

Ein weites Betätigungsfeld ist der große Bereich der Handwerksunternehmen, ihrer Märkte und deren Bearbeitung. Der Handwerkskammer des Saarlandes in Saarbrücken, an ihrer Spitze Herr Präsident Frank kommt in der europäischen Frage und Zusammenarbeit eine besondere Bedeutung zu, da das Saarland an der Schnittstelle mehrerer Volkswirtschaften und Märkte liegt. Es erstaunt deshalb nicht, daß Herr Präsident Frank, Mitglied des Saarländischen Landtages, auch Präsident des Interregionalen Rates der Handwerkskammern des Saarlandes, Lothringens, Luxemburgs und Rheinland-Pfalz ist.

Die Handwerkskammer des Saarlandes hat im Hinblick auf die Verwirklichung des gemeinsamen Binnenmarktes, frühzeitig

Überlegungen und Untersuchungen darüber angestellt, welche Auswirkungen für ihre Mitglieder wohl zu erwarten seien. Im Rahmen dieser Überlegungen hat man unsere Gesellschaft mit einer Untersuchung beauftragt, welche Chancen der benachbarte französische Markt saarländischen Unternehmen der Bauwirtschaft bieten kann.

Definierte Ziele der Untersuchung waren

a) den für saarländische Unternehmen der Bauwirtschaft relevanten Absatzraum in den angrenzenden französischen Regionen festzulegen,

b) den privaten, gewerblichen und öffentlichen Baumarkt im relevanten Absatzraum zu bestimmen,

c) die technischen und rechtlichen Bedingungen für die Ausführung von Aufträgen durch saarländische Bauhandwerker im relevanten Absatzraum zu ermitteln,

d) Aussagen über den Wettbewerb zu machen,

e) Sonderprobleme zu beleuchten,

f) Marketing-Strategien vorzuschlagen.

Wir sind bei der Lösung der Aufgabe von einem klassischen (Marketing- Funktions-) Modell ausgegangen:

1. Stufe: Erkundungsphase
Situationsanalyse

Untersuchung der Marktpotentiale, der Wettbewerbslage und der eigenen Ausgangsposition

Zur Vorbereitung fanden eine Reihe von Informationsgesprächen in Betrieben und in der Kammer statt. Darüber hinaus wurde ein Rundschreiben konzipiert und versandt, in dem die folgenden Fragen gestellt wurden:

1. Haben Sie bereits nach Frankreich geliefert?
2. Welche Probleme hatten Sie?
3. Warum haben Sie noch nicht nach Frankreich geliefert?
4. Haben Sie die Absicht, in den französischen Markt einzutreten?
5. (Eine Reihe rein technischer Fragen)
6. Haben Sie Erfahrung in der Abfassung französischer Verträge?
7. Sind Ihnen die französischen Rahmenbedingungen bekannt?
8. Wünschen Sie Informationen über steuerliche Fragen?
9. Sind Sie an Daten über den französischen Wettbewerb interessiert?
10. Sprechen Sie oder Mitarbeiter von Ihnen die französische Sprache?

2. Stufe: Planungsphase
   Zielfixierung

Hier ging es darum, in Übereinstimmung mit den festgelegten Unternehmenszielen die marktstrategische Grundausrichtung in den Geschäftsfeldern zu fixieren.

Richtungsweisend waren hierfür die Antworten auf Fragen wie :

- Welche Geschäftsfelder und Produkte sind geeignet?
- Welche Marktstimulierung und Argumentationen werden vorgeschlagen?
- Wann soll der Markteintritt erfolgen?
- Wie soll das Marktsegment geographisch abgegrenzt werden?
- In welcher strategischen Allianz soll das Projekt realisiert werden?

3. Stufe: Überbergangsphase
Strategie-Bestimmung

Erstellen des Marketingplanes und seiner Detailpläne

4. Stufe: Ausführungsphase
Realisierung der Pläne

Einsatz der Mittel und Instrumente des Marketing-Mix

Die Untersuchung war (im wesentlichen) ausgerichtet auf

a) sachlich
Die Bereiche
- Hoch-, Wohnungs- und Wirtschaftsbau (ohne Ingenieurbau) (Maurer, Beton- und Stahlbetonbauer)
- Dach (Zimmerer, Dachdecker)
- Ausbau (Fliesen, Stuck, Fenster, Treppen, Einbaumöbel)
- Tiefbau (Straßen, Plätze)

b) geographisch
Im wesentlichen "Le grand Est" - den großen Osten Frankreichs mit den Regionen:
- Lorraine (4 Départements)
- Alsace (2 Départements
- Franche-Comté (3 Départements)
- Bourgogne (4 Départements)
- Nord-Pas de Calais (2 Départements)
- Picardie (3 Départements)

und zur Ergänzung die Region Ile de France mit der Hauptstadt Paris und seinen 4 Départements

An dieser Stelle soll es für einen ersten Eindruck genügen zu wissen, welche Flächen und welche Einwohnerzahlen für die nächstgelegenen Regionen stehen:

- Lorraine   2,3 Mio EW   23 500 km²
- Alsace   1,6 Mio EW   8 200 km²
- Champagne-Ardennes 1,4 Mio EW   25 500 km²

(In weiten Bereichen der vorgenannten Regionen wird noch deutsch gesprochen und/oder verstanden, und das Konsumverhalten ist mehr oder weniger vergleichbar mit dem der deutschen Grenzregionen.)

Im Vergleich zu den vorgenannten Zahlen :

- Saarland   1,0 Mio EW   2 570 km²
- Rheinland-Pfalz   3,7 Mio EW   19 900 km²

Nachdem "sichtbare" Grenzen seit dem 1.1.1993 weggefallen sind, bestehen die weitaus unangenehmeren "nicht sichtbaren" Grenzen weiter: Sprache, Mentalität, Entfernungen, Steuern, Handelsusancen, Währung, Zahlungsmodalitäten, Gewohnheiten, Normen und Vorschriften, Löhne und Sozialgesetzgebung usw.

Immer wieder kann man hören, "in Frankreich sind die Löhne niedriger als in Deutschland, so daß deutsche Unternehmen in Frankreich nicht wettbewerbsfähig sind". Diese kategorische Aussage ist falsch. Wir haben im Rahmen unserer Untersuchung Feststellungen gemacht, die zu wesentlich differenzierteren Aussagen führen. Es ist nicht richtig generell zu sagen, die Löhne seien in Frankreich niedriger. Es gibt Bereiche, in denen Löhne, Zuschläge, Prämien etc. sich zu Gesamtkosten addieren, die in ähnlichen Größenordnungen wie deutsche (saarländische) Löhne liegen. Darüber hinaus scheint Frankreich an der Spitze der Länder zu liegen, was die Lohnnebenkosten angeht.

Weitere wettbewerbsbeeinflussende Elemente dürften im Bereich der Arbeitsbedingungen, Arbeitsmethoden und Maschinen sowie Einrichtungen zu finden sein. Wir haben festgestellt, daß gerade hier für deutsche Unternehmen Vorteile liegen.

Die französische Bauindustrie

Die Bauindustrie in Frankreich wird traditionell unterteilt in BAU und in ÖFFENTLICHE ARBEITEN, in französischer Sprache sind dies BATIMENT und TRAVAUX PUBLICS B.T.P., zwei unterschiedliche Branchen, die doch sehr eng zusammenhängen. Viele französische Unternehmen der Branche, insbesondere die "Großen", haben gemischte Aktivitäten. Im Wirtschaftsektor BTP sind in Frankreich rund 1,3 Millionen Beschäftigte (Arbeitnehmer und Handwerker) registriert, die insgesamt einen Umsatz von etwa 435 Milliarden Francs in 305 000 Betrieben erwirtschaften. Die Mehrheit dieser Betriebe hat mehr als 50 Mitarbeiter. Seit einigen Jahre kann festgestellt werden, daß immer mehr Mitarbeiter im Ausbaugewerbe (Second oeuvre) beschäftigt werden.

Gerade das Ausbaugewerbe zeigt eine große Anpassungsfähigkeit, da keine Baustelle mit einer anderen vergleichbar ist und ständig neue Produkte angeboten werden. Darüber hinaus stellt die Entwicklung in Europa die Unternehmen vor immer neue Aufgaben, was von den Mitarbeitern einen hohen Grad an Flexibilität erfordert.

Die Stellung der französischen Bauwirtschaft im Gesamtbild der Volkswirtschaft kann nur im Vergleich zu anderen Branchen und vor dem Hintergrund der Beschäftigtenzahlen verdeutlicht werden. Die französiche Bauwirtschaft beschäftigt

- 8,00 % der Berufstätigen (Handel) und
- 27,00 % der Berufstätigen (Fertigung)

Was die Produktion angeht, so erbringt die französische Bauwirtschaft das gleiche Ergebnis wie zusammengenommen:

- die Automobil- und die Elektroindustrie oder
- die Chemie, Eisenbahnbedarf, industrielle Einrichtungen und die Luftfahrtindustrie.

Die Exporttätigkeit der französischen Bauindustrie ist nicht sehr bedeutend, sondern eher gering. In 1989 wurde für 22 Milliarden Francs exportiert. Das entspricht 5 % des Branchenumsatzes.

Ein besonderes Problem liegt in der für eine Reihe von Gewerken zwingend vorgeschriebenen "décennale", der Zehn-Jahres-Garantie, die über spezielle Versicherungen abgedeckt werden kann. Der Zugang zu diesen Versicherungen ist nicht einfach und an den Firmensitz, an Qualifikationen, Referenzen, Mitarbeiter, Löhne und Umsätze gebunden.

Marketing-Strategie

Die Marketing-Strategie folgt der Zielbestimmung und der Unternehmensstrategie. Die Ziele werden sicherlich von Unternehmen zu Unternehmen unterschiedlich sein. Außerdem dürften die individuellen Voraussetzungen, die Ergebnisse aus der Situationsanalyse, verschieden sein.

Bei den Strategie-Überlegungen müssen weiterhin die verschiedenen Marktdimensionen berücksichtigt werden:

1. **Dimension:** **Die Zielgruppe**
   - privater Auftraggeber
   - gewerblicher Auftraggeber
   - öffentlicher Auftraggeber

2. **Dimension:** **Die Geographie**
   - Entfernung
   - Sprache
   - Mentalität
   - Gesetze, Vorschriften, Normen
   - Konsumverhalten

3. **Dimension: Das Produkt**
   - reine Lieferung
   - reine Dienstleistung
   - Lieferung mit Dienstleistung
   - Normen, Vorschriften

4. **Dimension: Die Qualität**
   - Anforderungen des Marktes
   - Standards
   - Materialien
   - Verarbeitungsmethoden

5. **Dimension: Die Quantität**
   - Kapazitäten (technisch, kommerziell, personell, finanziell)
   - Maschinenpark
   - Termine

6. **Dimension: Die Konditionen**
   - Preise
   - Zahlung

7. **Dimension: Der Wettbewerb**

Der französische Markt gehört zu den interessantesten Ländermärkten des gemeinsamen großen Binnenmarktes. Die Nachbarländer Deutschland und Frankreich sind sich gegenseitig die wichtigsten Handelspartner. Der französische Markt ist jedoch auch ein "schwieriger Markt" und unterscheidet sich in sehr vielen Bereichen zum Teil erheblich vom deutschen Markt. Dieser Tatsache muß unbedingt Rechnung getragen werden, damit gravierende Fehler mit finanziellen Konsequenzen vermieden werden können.

Es hat sich als außerordentlich vorteilhaft herausgestellt, eine französische Tochtergesellschaft zu gründen und diese für den Geschäftsablauf zwischenzuschalten. Hier existieren praktische und preiswerte Modelle für die Gründung und die Fremdverwaltung von kleinen GmbH's (S.à.r.l., Mindestkapital 50 000 F).

Für bestimmte Aufträge (z.B. Montagen) muß die französische Mehrwertsteuer (T.V.A. 18,6 %) berechnet und abgeführt werden. Hierfür ist der Einsatz eines Steuervertreters (Représentant Fiscal) vorgeschrieben.

Weitere Problemfelder dürften im Bereich des Vertriebs, des eigentlichen Verkaufs, zu finden sein; so existieren beispielsweise neben den auch in Deutschland bekannten Verkäufertypen (Reisende, freie Handelsvertreter) sogenannte V.R.P.'s (Voyageur, Représentant, Placier), die man auch als "Mehrfirmen-Reisende auf Provisionsbasis" bezeichnen könnte. Dieser Typ Verkäufer unterliegt dem französischen Arbeitsrecht.

Unsere Gesellschaften (Socomar und Saarmarco) führen regelmäßig Seminare und Frankreich-Tage durch, um praxisnahe Lösungen für Vertriebsprobleme in Frankreich zu besprechen.

Angelika Löffler*

Marktstrukturuntersuchung im Handwerk Sanitär-Heizung-Klima über Benelux und Frankreich

---

* *Dipl.-Volkswirtin Angelika Löffler ist Mitarbeiterin beim Zentralverband Sanitär Heizung Klima in St. Augustin*

Am 1. Januar 1993 feierte der größte Wirtschafts- und Sozialraum der Welt Premiere. Dies beinhaltet EG-weite Freizügigkeit für Personen, Waren, Dienstleistungen und Kapital. Ein riesiger Markt für über 320 Mio. EG-Bürger entstand.

Welche Auswirkungen hat dieses Datum für die Klein- und Mittelbetriebe im Handwerk und hier insbesondere im Bereich der Sanitär- Heizungs- und Lüftungsinstallation? Man traf hier allenthalben auf Unsicherheiten und Ängste bei Betriebsinhabern, die im wesentlichen auf Unwissenheit begründet waren. Uns als berufsständischer Interessenvertretung kam hier die besondere Aufgabe der Aufklärungs- und Beratungstätigkeit zu. Dies veranlaßte den Zentralverband Sanitär Heizung Klima (ZVSHK) die angrenzenden EG-Teilmärkte Belgiens, der Niederlande, Luxemburgs und des Elsaß hinsichtlich der dortigen Markt- und Betriebsstrukturen durch eine Studie untersuchen zu lassen[1]. Dieses Projekt wurde vom Bundesminister für Wirtschaft im Rahmen des "Euro-Fitness-Programms" gefördert.

Ziel der Studie war die Schaffung von Grundlagen zur Vorbereitung auf den Europäischen Binnenmarkt. Die Studie besteht aus 3 Teilbereichen :

- Erhebung und Auswertung sekundär-statistischer Daten

- Fallstudien bei grenzüberschreitend tätigen deutschen Betrieben

- Betriebsbefragung in Belgien, den Niederlanden und dem Elsaß

Der 1. Teil der Studie, die Sekundärerhebung, beinhaltet eine Sammlung und Zusammenfassung bereits vorhandenen Datenmaterials.

---

[1] Die Studie ist beim Zentralverband Sanitär Heizung Klima in 53 757 St. Augustin, Rathausalle 6, Tel. 02241/29 056 käuflich zu erwerben.

Im einzelnen werden hier abgehandelt:

1. Gesamtwirtschaftliche Rahmendaten
2. Bautätigkeit
3. Strukturdaten des SHK-Gewerbes
4. Besonderheiten der Heizungsmärkte
5. Vergleich der Lohnkosten
6. Begriffliche Abgrenzung des Handwerks
7. Ausbildungssystem und -stand
8. Niederlassungs- und Dienstleistungspraxis
9. Normung und Zertifizierung

Zu den Ergebnissen dieses Teils der Untersuchung ist zu sagen, daß der Versuch eines Vergleichs der o.g. Wirtschafts- und Strukturdaten sich als äußerst schwierig erwies. Dies ist zum einen mit unterschiedlichen Erhebungsmethoden und -inhalten sowie Klassifikationen der amtlichen Statistiken der Länder begründet. Zum anderen bestehen aufgrund historischer Entwicklungen recht unterschiedliche Abgrenzungen zwischen dem Handwerk und anderen Wirtschaftszweigen. Als Abgrenzungskriterium des Handwerks dient zum Beispiel in Frankreich und Belgien neben der Art der Tätigkeit auch die Anzahl der Mitarbeiter.

So ist ein Vergleich der Lohnkosten nur m.E. möglich. Als Basis eines Vergleichs, durchgeführt von der Union Internationale für das Jahr 1990, dient der durchschnittliche Bruttolohn incl. Zusatzleistungen für einen qualifizierten Mitarbeiter, ca. 30 Jahre alt (vgl. Übersicht 1).

Bei diesem Vergleich zeigen sich für deutsche Unternehmen nur gegenüber französischen gravierende Unterschiede bei den Lohnkosten pro Stunde. Im Vergleich zu Belgien ergibt sich sogar ein leichter Vorteil. Hier zeigen jedoch die bisherigen grenzüberschreitenden Aktivitäten, daß offenbar eine relativ hohe sprachliche und mentalitätsbedingte Hürde zu überwinden ist.

Übersicht 1: **Lohnkostenvergleich**

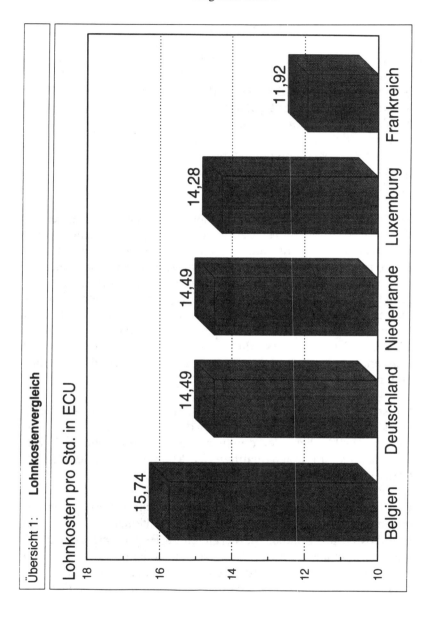

Im 2. Teil der Studie wurden Fallstudien bei 4 deutschen Betrieben an der Grenze zu Frankreich, 2 deutschen Betrieben an der Grenze zu Luxemburg, zwei niederländischen Betrieben und weitere Kurzfallstudien bei deutschen Betrieben durchgeführt.

Hinter der Durchführung der Fallstudien standen folgende Intentionen:

- Aufzeigen des Ausmaßes der bisherigen grenzüberschreitenden Tätigkeit und

- das Aufzeigen von Erfahrungen hinsichtlich Chancen und Hindernissen aus dieser Tätigkeit.

Es konnten trotz Unterstützung von Handwerkskammern und Landesfachverbänden nur wenige Fallbetriebe mit Auslandserfahrung gefunden werden. Die Grenzen von Deutschland nach Belgien und den Niederlanden erwiesen sich als besonders geschlossen. Demgegenüber zeigte sich in Luxemburg eine rege Tätigkeit ausländischer Installationsbetriebe aus allen Nachbarstaaten. Zum Elsaß hin erwies sich die Lage von Kehl und Straßburg als sehr günstig für eine grenzüberschreitende Tätigkeit. Darüber hinaus konnten aber auch in Frankreich kaum Aktivitäten festgestellt werden.

Die Auswertung der Fallstudien zeigt, daß sich die Auslandstätigkeit der deutschen SHK-Handwerksbetriebe in erster Linie auf den Bereich Altbau, sprich Ersatz, Erweiterung und Reparatur erstreckt. Auf diese Weise werden Probleme mit Genehmigungen und Abnahmen umgangen. Das Problem der Verwendung von zertifizierten Geräten und Material lösen die Betriebe durch Ankauf vor Ort.

Die Niederlassungen der befragten deutschen SHK-Betriebe haben gemeinsam, daß sie nur in geringer Entfernung zum Stammbetrieb eröffnet wurden. Hierdurch soll die Kontollierbarkeit durch den Betriebsinhaber erhalten bleiben.

Übersicht 2: Gewährleistungsfristen in den einzelnen EG-Staaten

EG-Staat	Gewährleistungsfristen
Deutschland	2 Jahre nach VOB; 5 Jahre nach BGB
Frankreich	10 Jahre; Verpflichtung des Auftragnehmers eine Gewährleistungsversicherung abzuschließen
Belgien	10 Jahre bei groben Mängeln; 30 Jahre bei versteckten Mängeln
Niederlande	5 Jahre bei leichteren Mängeln; 10 Jahre bei groben Mängeln
Italien	2 Jahre bei leichteren Mängeln; 10 Jahre bei erheblichen Mängeln
Großbritannien	3 Jahre bei einfachen Verträgen; 6 Jahre bei beurkundeten Verträgen ab Kenntnis des Mangels; höchstens nach 15 Jahren
Spanien	10 Jahre bei groben Mängeln; 15 Jahre bei versteckten Mängeln

Bei den Gewährleistungspflichten für Bauleistungen bestehen zwischen den einzelnen EG-Staaten erhebliche Unteschiede (vgl. Übersicht 2). Meist sind sie in den anderen EG-Staaten länger als in Deutschland. Zur Bewertung des sich damit zusätzlich ergebenden Risikos ist zu berücksichtigen, wie häufig Gewährleistungsfälle in der Praxis des Betriebes auftreten.

Der 3. Teil der Studie besteht aus einer schriftlichen Befragung von Betrieben aus den Niederlanden, dem Elsaß und Belgien. Die Befragung wurde in enger Zusammenarbeit mit unseren SHK-Schwesterverbänden in den jeweiligen Ländern durchgeführt. Die Fragebogen wurden mit den Partnern abgestimmt und über deren Organisation an die Betriebe in deren Namen verschickt. Es bedurfte regen Schriftverkehrs und ausführlicher Gespräche, um diese Zusammenarbeit zustande zu bringen. Selbstverständlich haben wir die Ergebnisse der Studie den kooperierenden Schwesterverbänden zur Verfügung gestellt.

Der Rücklauf war relativ unterschiedlich. Während in den Niederlanden 22 % der angeschriebenen SHK-Betriebe antworteten (690 Fragebogen), waren es in Belgien 14 % (129 Antworten) und im Elsaß sogar nur 5 % (38 Antworten).

Einige interessante Ergebnisse der Befragung möchte ich Ihnen nicht vorenthalten. Die Befragung der SHK-Installationsbetriebe in den Niederlanden, Belgien und dem Elsaß ergab ein ähnliches Bild. Insgesamt gaben 3/4 der befragten Betriebe einen Aktionsradius unter 60 km an. Im Elsaß liegt der Anteil der Betriebe sogar bei 83 %. Dies bedeutet, daß hüben wie drüben im Bereich der SHK-Installation zunächst nur die Betriebe im grenznahen Gebiet das Wegfallen der wirtschaftlichen Grenzen innerhalb Europas zu spüren bekommen.

Betrachtet man die durchschnittlichen Betriebsgrößen (vgl. Übersicht 3), so erkennt man, daß die deutschen Betriebe im Vergleich zu den untersuchten ausländischen Unternehmen eine geringere Mitarbeiterzahl aufweisen. Hieraus läßt sich auf der einen Seite ein Wettbewerbsnachteil deutscher Betriebe bei Großaufträgen ableiten, auf der anderen Seite liegt hierin eine Chance zur flexiblen und schnellen Reaktion auf Marktanforderungen.

Übersicht 3: **Durchschnittliche Betriebsgrößen im Handwerk Sanitär Heizung Klima**

Deutschland (1990)[1)]
- Klempnerei, Gas-Wasser ∅ Besch./Betrieb 5,0
- Heizung, Klima ∅ Besch./Betrieb 9,7

Elsaß (1990)
- Dachdecker, Klempner ∅ Besch./Betrieb 10,8
- Heizung, Klima ∅ Besch./Betrieb 13,9

Niederlande (1988)
- Klempner, Sanitär ∅ Tät. Besch./Betr. 8,5
  ∅ Tät. Pers./Betr. 9,5
- Heizung, Klima ∅ Tät. Besch./Betr. 18,6
  ∅ Tätige Pers./Betr. 19,6

Luxemburg (1990)
- Klempner ∅ Besch./Betrieb 8,1
  ∅ Tät. Pers./Betr. 9,5
- Sanitärinstallateure ∅ Besch./Betrieb 9,1
  ∅ Tät. Pers./Betr. 10,3
- Heizungsinstallateure ∅ Besch./Betrieb 19,9
  ∅ Tät. Pers./Betr. 20,9

[1)] Umsätze aus Statistik im Produzierenden Gewerbe; Anzahl der Betriebe der Handwerksrollenstatistik. Die in die Handwerksrolle eingetragene Anzahl Betriebe ist höher als die tatsächliche Zahl, da Nebenbetriebe mit erfaßt werden (diese jedoch nicht bei der Umsatzangabe enthalten sind) und in der Handwerksrolle auch Doppelzählungen für Niederlassungen in anderen Bezirken mit enthalten sind. Zahl der Eintragungen zum 31.12.1990 für Klempner und Gas-Wasserinstallateure 23 207, für Heizungs- und Lüftungsbauer: 11 541. Deshalb liegen die gewonnenen Durchschnittswerte niedriger als die tatsächlichen.

Betrachtet man die Tätigkeitsschwerpunkte und Kundenstruktur der Betriebe, so zeigt sich, daß der Neubausektor das Haupttätigkeitsfeld der flämischen Betriebe bildet, wohingegen der Altbausektor im Elsaß und in der Wallonie dominiert. In den Niederlanden ist das Verhältnis der Tätigkeitsgebiete insgesamt ausgeglichener, was auch für die Kundenstruktur gilt. In allen Ländern überwiegt der Anteil der Privatkunden deutlich. Im Elsaß werden sogar 3/4 aller Aufträge von Privatkunden erteilt.

Die Bedeutung der Unterauftragnahme ist in den einzelnen Ländern sehr unterschiedlich. Vor allem in den Niederlanden spielt das "aannemer-tum" eine wesentliche Rolle, während Unterauftragnahme im Elsaß praktisch keine Bedeutung zukommt.

Die Angaben von Materialbezugsquellen zeigen deutlich, daß der weit überwiegende Teil (ca. 90%) des Materials bei Großhändlern bezogen wird, wobei in der Regel eine Zusammenarbeit mit mehreren Großhändlern stattfindet. Die Treue zu einem Großhändler ist in den Niederlanden weit ausgeprägter als in den anderen Ländern. Baumärkte sind als Bezugsquellen unbedeutend. Der Einkauf des Materials im Ausland stellt derzeit noch die Ausnahme dar. Lediglich 4 % der befragten Betriebe beziehen ihr Material aus dem Ausland.

Über Kooperationserfahrungen verfügen nach eigenen Angaben etwa 1/3 aller befragten Betriebe. Diese beziehen sich im wesentlichen auf Kooperationen im eigenen Land. Auslandskooperationen sind mit durchschnittlich 2 % der Nennungen eher die Ausnahme. Von diesem Mittelwert weicht besonders die Wallonie mit 9 % ab.

Von einer harten Konkurrenz kann in den betrachteten Regionen nicht gesprochen werden. Der höchste Wert auf einer Skala zwischen 0 (=schwache Konkurrenz) und 100 (=starke Konkurrenz) erreicht der Kollegenbetrieb mit einem Wert von 55, gefolgt von den Heimwerkern mit 45 und der Schwarzarbeit mit 43.

Die Selbsteinschätzung des eigenen Leistungsangebotes der Betriebe wurde ebenfalls mit Hilfe einer Skala von 0 (= sehr mangelhaft) bis 100 (= sehr gut) erfragt. In den Niederlanden ist man mit der Beurteilung der eigenen Qualität sehr vorsichtig. Hier wurde in keinem Fall der Wert von 70 überschritten. Eine nur mittelmäßige Qualitätsbeurteilung wurde für den Bereich Lüftung Klima abgegeben. Die flämischen Betriebe erreichten mit dem Wert 81 einen relativ hohen Wert. Nur befriedigend ist der Bereich Gaseinzelöfen und Lüftung und Klima. Von einem guten Qualitätsangebot gehen die wallonischen Betriebe aus. Es gab keine Bewertung unter 70. Ihre Stärke ist der Bereich von Gaseinzelöfen. Im Elsaß wird die Qualität der eigenen Leistung mit einem durchschnittlichen Wert von 75 als gut beurteilt. Nur im Bereich Lüftung und Klima fällt die Bewertung deutlich schlechter aus.

Abschließend wurden die Unternehmer um eine zusammenfassende Einschätzung ihrer eigenen Betriebssituation gebeten. Eigene Stärken sehen die Betriebe vor allem in 3 Bereichen:

- gute Kundenberatung

- hohe Motivation und Qualifikation der Mitarbeiter

- moderne Ausstattung mit Betriebsmitteln

Die aktuelle Gewinnsituation erfährt in Flandern und den Niederlanden eine über das Mittelmaß hinausgehende Beurteilung. Auch die Zukunftsperspektiven werden hier deutlich optimistischer gesehen.

Was bedeuten diese Ergebnisse für die deutschen SHK-Betriebe ?

Engagements im angrenzenden Ausland erfordern auch nach dem 1. Januar 1993 das Überwinden verschiedener Hürden, wie

- Sprachprobleme

- unterschiedliche Eintragungsverpflichtungen, Befähigungsnachweise, Genehmigungsverfahren

- landesspezifische Eigenarten der Kundenansprache und des Marktzugangs
- Unkenntnis fachlicher Regeln
- landeseigene Zertifikate auf Produkte
- rechtliche Aspekte der Haftung, Gewährleistung u.a.

Mittel- und langfristig ist davon auszugehen, daß im Rahmen der Harmonisierungsbestrebungen einige dieser Hindernisse abgebaut werden, sicher aber nicht alle. Das Operieren auf ausländischen Märkten wird demzufolge für deutsche, französische, belgische und niederländische SHK-Betriebe immer mit großem Aufwand und hohen Anforderungen verbunden sein. Da auch künftig die meisten SHK-Handwerksbetriebe auf regionalen Märkten tätig sein werden, sind zunehmende Auslandsaktivitäten vor allem von grenznahen Unternehmen zu erwarten.

Die deutschen Unternehmen werden dabei sicherlich von dem ausgeprägten Qualitätsimage deutscher Handwerksleistung im Ausland profitieren können. Zugleich werden sie aber auch einem stärkeren Kostenwettbewerb ausgesetzt sein. Um einem ruinösen Preiswettbewerb zu entgehen, müssen deutsche SHK-Handwerksunternehmen weiterhin ihre Stärke, die qualitativ hochwertige Leistung, ausbauen.

Dies erfordert neben der Neuorientierung das Festhalten an bewährten Konzepten, durch die den hohen Qualitätsansprüchen der Kunden entsprochen werden kann. Im wesentlichen sind dies:

- Beibehaltung des hohen Aus- und Weiterbildungsniveaus
- Sorgfältige Leistungserstellung und Kontrolle
- Verwendung hochwertiger Qualitätsprodukte
- Festhalten am 3-stufigen Vertriebsweg
- Angebot von Serviceleistungen / Kundenbetreuung

Übersicht 4: **Betrieblche Strategien und zugehörige Vorgehensweisen**

BETRIEBLICHE STRATEGIEN UND ZUGEHÖRIGE VORGEHENSWEISEN

Zur Strategiewahl: eigene Stärken und Schwächen feststellen

A) VERBESSERUNG DER WETTBEWERBSFÄHIGKEIT IM EIGENEN LAND (Effizienzsteigerung)

- Marktwachstum
- Produktivitätssteigerung
- Bewertung des eigenen Management und der Firmenqualität
- Unternehmerische Zielfestlegung

B) ENTSCHEIDUNG FÜR EIN AUSLANDSENGAGEMENT

mittelfristige Betriebsauslastung? Konjunkturerwartungen? Sprachkenntnisse? Persönliche Bereitschaft zum Auslandsengagement? Vorhandene Kontakte zu potentiellen Kunden? Aktionsradius des eigenen Betriebes ausreichend?

BETRIEBSINTERNE VORBEREITUNG

über Fachregeln und fachliche Reglementierungen informieren (s. Kap. 9); Herstellerinformationen über Zulassung im Nachbarland einholen (z.B. Gasgerät); Mindest-Sprachkenntnisse aneignen, evtl. Grenzgänger bzw. Mitarbeiter mit guten Sprachkenntnissen einstellen, internationale Gültigkeit des Versicherungsschutzes erfragen.

ADMINISTRATIVE VORARBEITEN: ANMELDUNGEN DURCHFÜHREN
außer in Frankreich längere Genehmigungsdauern einplanen für:

Frankreich	Luxemburg	Belgien	Niederlande
Handwerks-kammer,	Handelsermäch-tigung,empfohlen: HW-Kammer	Handelsregister	Handelskammer Rotterdam
evtl. Handelskammer	Versorg.-Untern.	Baufirmen-register	Versorgungs-unternehmen

Mehrwertsteuernummerantrag (s. Kapitel 9 dieses Berichts)

AUFTRAGSAKQUISITION

Werbemaßnahmen, Kooperationen mit einheimischen Unternehmen (Orts- und Sprachkenntnisse, öffentliche Projekte, NL: *aanemer*), etc..

FESTIGUNG DES AUSLANDSENGAGEMENTS

Gründung einer Niederlassung/Firma als Anlaufstelle für Kunden. Belg./Lux.: Mitarbeiter-Schulung zur Heizungsinstallations-Überprüfung (Kap. 9).

Welche Betriebe sind also für ein Auslandsengagement geeignet?

Dies sind vor allem Betriebe in Grenzregionen und/oder Betriebe mit einem überregionalen Aktionsradius sowie Betriebe, die Sprachhürden überwinden können oder wollen. Dies ist insgesamt nur ein kleiner Teil unserer Mitgliedschaft.

Aus den Ergebnissen der Studie können betriebliche Strategien abgeleitet werden. Diese finden sich in Übersicht 4.

Aus der Studie ergeben sich auch einige Empfehlungen für die Verbandsarbeit. Diese sind in Übersicht 5 aufgelistet.

Wie hat nun der ZVSHK die Ergebnisse verwertet bzw. umgesetzt?

1) Wir haben die Studie veröffentlicht und sie vor allem den Marktpartnern aus der Heizungs- und Sanitärindustrie zum Kauf angeboten.

2) Es wurde eine Kurzfassung für Betriebe erstellt, die Anhaltspunkte für ein Auslandsengagement, Besonderheiten auf den untersuchten Märkten sowie Anschriften von Behörden und Institutionen enthält.

3) Die Ergebnisse wurden in Beiträgen für Fachzeitschriften aufgearbeitet und in zahlreichen Vorträgen bei Verbandsveranstaltungen verwertet.

4) Es findet eine ständige Sammlung von Daten und Fakten zur weiteren Entwicklung in den untersuchten Märkten statt, die Interessenten aus der eigenen Organisation und Dritten auf Anfrage zur Verfügung gestellt werden.

Übersicht 5: Aufgaben des Verbandes

AUFGABEN DES VERBANDES

ANLAUFSTELLE FÜR UNTERNEHMEN UND BETRIEBSBERATER ZUR INFORMATION (Stabsstelle)

Sammlung und Auswertung von Fach-Informationsmaterial über die Märkte der Nachbarländer

ZUSAMMENARBEIT MIT VERBÄNDEN IN DEN NACHBARLÄNDERN

Durchführung von Kooperationstreffen. Vereinbarung über gegenseitige Hilfe bei Schwierigkeiten von Unternehmen im Nachbarland. Zusammenarbeit bei übergeordneten Fachfragen und bei der Interessenvertretung in EG-Fragen. (siehe Kapitel 12 des Berichts).

INFORMATION UND BERATUNG ÜBER FACHREGELN

Erarbeitung von Fachregel-Merkblättern. Übersetzung und Bereitstellung von wichtigen Fachregel-Texten, soweit diese noch nicht harmonisiert sind, sowie auch von Reglements zur Überprüfung von Heizungsanlagen in Luxemburg und Belgien. Abbau des bestehenden Informationsdefizit durch Fachveröffentlichungen über Normung bzw. Fachregeln in den Nachbarländern. Einrichtung einer Fachreferentenstelle für europäische Normung bzw. Normung in Nachbarländern (bereits geplant, französische und niederländische Sprachkenntnisse sinnvoll).

SPRACHAUSBILDUNG UND AUSTAUSCHPROGRAMME

Erstellung und Verbreitung einer Informationsbroschüre über Möglichkeiten der Sprachausbildung (kurze Intensivkurse, Sommerkurse im Land -grenznah- sowie über fachliche Austauschprogramme und deren Konditionen). Als Zielgruppe kommen auch Ingenieure, Nachfolger von Betriebsinhabern in Betracht. Zur Verbesserung der Akzeptanz bei Jugendlichen können auch (Erfahrungs-)Berichte von Kurs- bzw. Programmteilnehmern in Verbandsveröffentlichungen beitragen.

Klaus Müller[*]

Grenzüberschreitende Kooperationen im Handwerk als eine Möglichkeit zur Bearbeitung von Auslandsmärkten

---

[*] *Dr. Klaus Müller ist wissenschaftlicher Mitarbeiter am Seminar für Handwerkswesen an der Universität Göttingen*

1. Einleitung

Für Handwerksunternehmen stellt eine grenzüberschreitende Kooperation mit einem Unternehmen aus einem der EG-Mitgliedsstaaten eine in letzter Zeit stark propagierte Strategie dar, um sich gegenüber der verschärften Konkurrenz auf den Märkten angesichts des Europäischen Binnenmarktes behaupten zu können. Durch diese bessere Zusammenarbeit können die Hemmnisse, die einem Auslandsengagement von Handwerksunternehmen oft entgegenstehen, überwunden werden.

Im Rahmen ihrer Aktion zur Verbesserung der Rahmenbedingungen für kleine Unternehmen und Handwerksbetriebe hatte die EG-Kommission Anfang 1992 daher auch ein Projekt über "Untersuchungen über bestehende grenzübergreifende Netze im Handwerk" vergeben. Es sollte untersucht werden, welche Erfahrungen bislang mit grenzüberschreitenden Kooperationen im Handwerk gesammelt worden sind.

Ein Projektauftrag hierzu ging an das Seminar für Handwerkswesen an der Universität Göttingen, das sich zusammen mit Partnern aus fünf verschiedenen Ländern um dieses Projekte beworben hatte. Die Partner kamen aus Deutschland (Handwerkskammer Trier, Handwerkskammer des Saarlandes, Exportberatungsstelle Handwerk Baden-Württemberg, Landesgewerbeförderungsstelle für das Nordrhein-Westfälische Handwerk, EG-Info-Center ZENIT, Mülheim), aus Luxemburg (Handwerkskammer), aus Frankreich (Handwerkskammer Metz), aus Belgien (DeBeLux) und aus Dänemark (Institut für Klein- und Mittelbetriebe in Auning) (vgl. Schaubild 1).

Dieser Beitrag beruht auf einem Projekt "Untersuchungen über bestehende grenzübergreifende Netze im Handwerk". das von der Kommission der Europäischen Gemeinschaften in Auftrag gegeben worden ist.

Schaubild 1:

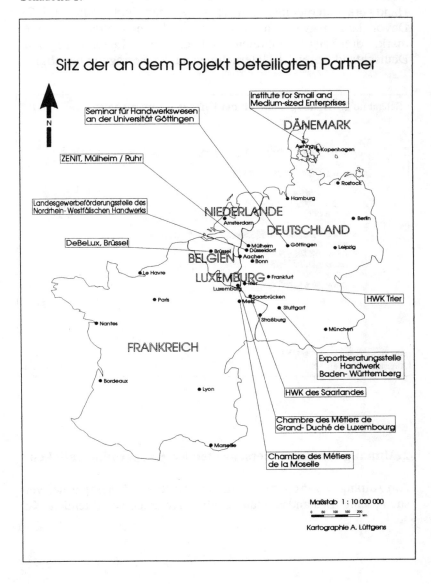

Das Projekt lief im ersten Halbjahr 1993. Insgesamt konnten 32 Handwerksunternehmen interviewt werden (vgl. Schaubild 2). Davon kamen zwei Unternehmen aus Belgien, drei aus Dänemark, drei aus Frankreich und drei aus Luxemburg. Aus Deutschland waren 21 Unternehmen an der Befragung beteiligt.

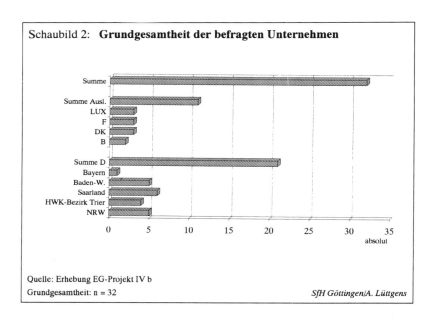

Schaubild 2: **Grundgesamtheit der befragten Unternehmen**

Quelle: Erhebung EG-Projekt IV b
Grundgesamtheit: n = 32   *SfH Göttingen/A. Lüttgens*

2. Umfang der grenzüberschreitenden Kooperationstätigkeit

Am Anfang des Projektes wurde mit Hilfe der Projektpartner versucht, eine Bestandsaufnahme aller grenzüberschreitenden Kooperationen[1]) im Handwerk in den beteiligten Regionen durchzuführen. Die Recherche ergab knapp 40 Fälle transnationaler Zusammenarbeit[2]).

Trotz der ausgiebigen Recherchen der Projektpartner konnten sicher nicht alle Fälle von grenzüberschreitenden Kooperationen im Handwerk identifiziert werden. Es läßt sich damit keine genaue Aussage über den Umfang der transnationalen Kooperationstätigkeit im Handwerk treffen. Es spricht jedoch einiges dafür, daß der größte Teil der Kooperationsfälle erfaßt werden konnte.

Zum einen ist aus anderen Untersuchungen bekannt, daß in den Regionen der an dem Projekt beteiligten Handwerksorganisationen das Auslandsengagement von Handwerksbetrieben am größten ist. Hierfür haben sicherlich die vielfältigen Aktivitäten beigetragen, die diese Kammern und andere Handwerksinstitutionen durchgeführt haben, um eine Exportätigkeit ihrer Betriebe anzuregen oder um diese für eine grenzüberschreitende Zusammenarbeit mit Unternehmen aus den EG-Nachbarstaaten zu sensibilisieren. Dadurch ist ein guter Kontakt dieser Institutionen zu den im Ausland engagierten Mitgliedsbetrieben entstanden, der eine weitgehende Identifizierung der Kooperationsfälle erleichterte.

Zum anderen ist auch aus anderen Untersuchungen bekannt, daß zumindest in Deutschland grenzüberschreitende Kooperationen im Handwerk nur Einzelfälle darstellen (vgl. Müller, K., 1991, S. 220). Dies dürfte für die anderen am Projekt beteiligten Länder kaum anders sein. Daher kann insgesamt davon ausgegangen

---

1) Unter einer grenzüberschreitenden Kooperation wird an dieser Stelle eine längerfristig angelegte Zusammenarbeit zwischen zwei oder mehreren Unternehmen aus verschiedenen Ländern, die über eine reine Geschäftsbeziehung hinausgeht, verstanden.

2) In dieser Untersuchung werden Arbeitsgemeinschaften im Baugewerbe nicht betrachtet. Hiervon gibt es nach Schätzungen der Projektpartner insbesondere im deutsch-luxemburgischen Grenzgebiet eine größere Anzahl.

werden, daß zur Zeit nur relativ wenige Fälle von transnationalen Kooperationen im Handwerk existieren.

Bei dieser Aussage muß jedoch beachtet werden, daß es sich bei der Studie um eine Zeitaufnahme handelt, die nur einen Einblick in den gegenwärtigen Stand erlaubt, nicht jedoch berücksichtigt, daß sich seit einiger Zeit ein dynamischer Prozeß entwickelt hat, der zukünftig eine starke Zunahme von grenzüberschreitenden Kooperationen im Handwerk erwarten läßt. Für diesen Prozeß spricht, daß sich gerade in den letzten zwei Jahren relativ viele Betriebe zu einer grenzüberschreitenden Kooperation zusammengeschlossen haben. Dies zeigt Tabelle 1.

Tabelle: 1 **Beginn und Dauer der Kooperationen**

Existierende Kooperationen Beginn:	**Beendete Kooperationen** Dauer (von...bis) (je 1x)
1967: 1 x	1970 - 1988
1987: 1 x	ca. 1985 - 1990
1988: 2 x	ca. 1989 - 1991
1990: 1 x	1990 - 1992
1991: 3 x	1990 - 1992
1992: 5 x	1990 - 1991
1993: 1 x	1992 - 1993

Quelle: Erhebung EG-Projekt IVb *SfH Göttingen/A. Lüttgens*
Grundgesamtheit n = 21 (z.T. geschätzt)

Teilweise befinden sich Kooperationen noch in der Aufbauphase, so daß bislang nur wenige Geschäfte gemeinsam getätigt worden sind. Die einzige Ausnahme bildet ein dänisches Unternehmen, das bereits seit 1967 mit einem ausländischen Betrieb zusammenarbeitet.

Die beendeten Kooperationen existierten mit einer Ausnahme, bei der sich die Kooperation nach einer längeren Zusammenarbeit wegen des Konkurses eines Partners auflöste, nur relativ kurze Zeit. In zwei Fällen war die Zusammenarbeit schon nach weniger als einem Jahr beendet.

In der Befragung wurde auch untersucht, ob die grenzüberschreitende Zusammenarbeit auf einen Partner beschränkt bleibt oder ob Interesse an mehreren Kooperationen besteht. Sechs Betriebe haben zwei Kooperationspartner, wobei sich die zweite Kooperation häufig noch im Stadium der Anbahnung befindet. In den Interviews ist jedoch bis auf eine Ausnahme nur eine Kooperation ausführlich beschrieben worden, so daß in die Auswertung nur jeweils dieser Fall einbezogen werden konnte.

Noch sechs weitere Handwerksunternehmen äußerten Interesse an einer zweiten Kooperation. Daraus folgt insgesamt, daß etwa 80 % der Handwerksunternehmen mit existierenden Kooperationen entweder schon mehrere Partner haben oder noch nach zusätzlichen Partnern Ausschau halten. Wenn ein Unternehmen zwei Kooperationen hat, sind dies, wie aus den Aufzeichnungen geschlossen werden kann, meist zwei getrennte bilaterale Verbindungen. Es scheint nur einen Ansatz für eine dreiseitige Kooperation gegeben zu haben, der aber bald scheiterte.

3. Struktur von grenzüberschreitenden Kooperationen im Handwerk

3.1 Stand der Kooperationen

Die in die Untersuchung einbezogenen Kooperationsfälle lassen sich in vier folgende Phasen aufteilen (vgl. Schaubild 3):

a) die **Suchphase**, in der ein Unternehmer eine Zusammenarbeit wünscht, jedoch bislang noch keine konkreten Kooperationspartner gefunden hat,

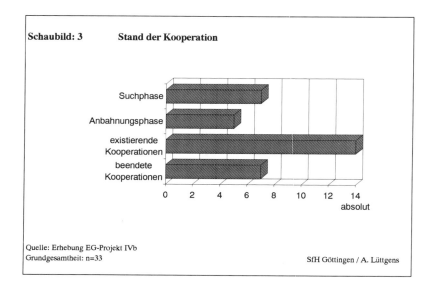

b) die **Anbahnungsphase**, in der der Partner bereits bekannt ist, aber noch keine Umsätze über die Kooperation getätigt hat,

c) **existierende Kooperationen**, wo die Unternehmen zusammenarbeiten und gemeinsam Umsätze erzielen und

d) **beendete Kooperationen**, wobei eine Kooperation entweder gescheitert ist oder sich in ihrem Charakter verändert hat. Zu letzteren können beispielsweise die Übernahme des Partners, die Fusion oder die geschäftliche Umwidmung in eine Import- bzw. Exportbeziehung zählen.

3.2 Größe und Branche der Unternehmen

Der Vergleich der **Unternehmensgröße** der beteiligten Firmen zeigt kein eindeutiges Schwergewicht einer bestimmten Betriebsgröße. Es besteht eine Mischung aus kleineren und größeren Unternehmen. Die Beschäftigtenzahlen differieren von 2 bis zu 150. Bildet man Größenklassen und ordnet die Unternehmen nach diesem Kriterium, ergibt sich ein Schwergewicht bei kleinen Unternehmen bis 10 Beschäftigten.

Bezogen auf die verschiedenen Länder fällt auf, daß sämtliche Handwerksunternehmen mit mehr als 30 Beschäftigten aus Deutschland oder Luxemburg kommen. Dies sind die beiden Länder, in denen das Handwerk am eindeutigsten von anderen Wirtschaftsbereichen abgegrenzt ist.

Bezüglich der Branchenherkunft stehen die Metallbetriebe eindeutig an der Spitze. Es handelt sich hierbei meistens um Zulieferer. Danach folgen Betriebe aus dem Holz- und dem Elektrosektor. Bis auf zwei Ausnahmen liefern alle Betriebe primär an den gewerblichen Sektor. Zwei befragte Unternehmen sind konsumgüterorientiert.

3.3 Weiteres Auslandsengagement

Entschließt sich ein Handwerksunternehmer, seine Aktivitäten über die nationalen Grenzen hin auszudehnen, bieten sich neben einer grenzüberschreitenden Kooperation weitere Möglichkeiten an. Am häufigsten wird er den Export wählen, nur in wenigen Fällen dürfte eine Auslandsdirektinvestition in Betracht kommen. Es stellt sich die Frage, in welchem Bezug diese verschiedenen Internationalisierungsformen stehen.

Die vorliegende Untersuchung zeigt einen auch sonst empirisch feststellbaren engen Zusammenhang von grenzüberschreitenden Kooperationen und Exportgeschäften. Alle bis auf zwei befragte Handwerker sind auch im **Export** tätig. Von diesen zwei befindet sich eines noch in der Suchphase nach einem Kooperationspartner, während die Kooperation des anderen bereits wieder gescheitert ist. Der Anteil des Exportes am Gesamtumsatz schwankt bei den exportierenden Betrieben erheblich. Die Bandbreite reicht von 2 - 80 %, wobei der Durchschnittswert, wie bereits erwähnt, bei 12 % liegt.

In der Mehrzahl der Fälle reicht der Export weiter als die grenzüberschreitende Kooperation zurück. 12 Handwerker tätigten bereits seit einigen Jahren Auslandsgeschäfte, bevor sie eine transnationale Zusammenarbeit eingingen. 6 Betriebe nahmen den Export und das Kooperationsgeschäft im gleichen Jahr auf. Dieses Ergebnis legt die Vermutung nahe, daß viele Handwerksunternehmer ihr Auslandsengagement sukzessive verbreitern. Beginnend mit einem direkten oder auch indirekten Export werden Auslandserfahrungen gesammelt, bevor anschließend eine engere Zusammenarbeit mit einem ausländischen Partner gesucht wird.

3.4 Kooperationspartner

Zwar kommen die meisten Kooperationspartner aus den Nachbarländern, ein erheblicher Teil (ca. ein Drittel) hat jedoch eine Zusammenarbeit mit einem Unternehmen vereinbart, das weiter entfernt liegt (vgl. Tabelle 2). Dabei sind diese Partner meist in einem anderen EG-Land verstandortet; nur in drei Fällen handelt es sich um ein Drittland (Mexiko, Ungarn, Türkei).

Weiter fällt auf, daß insbesondere die Handwerker aus der Saar-Lor-Lux-Region bis auf zwei Ausnahmen mit einem Betrieb zusammenarbeiten, der ebenfalls aus dieser Region stammt. Die befragten Betriebe aus Baden-Württemberg kooperieren dagegen häufig mit Unternehmen aus Italien und Spanien. Dies ist ein Resultat der Delegationsreisen in diese Länder.

Von den nichtdeutschen Handwerksbetrieben hat die Mehrheit ihren Partner auf dem deutschen Markt gesucht. Dies dürfte daran liegen, daß dieser Markt wegen seiner Größe besonders attraktiv ist.

Tab.: 2 Kooperationspartner nach Ländern

Partner interviewte Betr.	Dtl.	Belg.	Dänem.	Frankr.[3]	Lux.	And.Länder (dar. EG)[2]	Insge s.[1]
Deutschland		-	1	4	5	10(7)	20
Belgien	-		-	1	-	-	1
Dänemark	2	-		-	-	3(3)	5
Frankreich	1	2	-		-	-	3
Luxemburg	3	-	-	-		-	3
Insgesamt	6	2	1	5	5	13(10)	32

1) 6 Unternehmen mit 2 Kooperationen
2) NL (4x), Italien (3x), Spanien (2x), Mexiko, Ungarn, Türkei, Großbritannien (je 1x)
3) dar. 2 Unternehmen aus Lothringen

Quelle: Erhebung EG-Projekt IV b SfH Göttingen / A.Lüttgens
Grundgesamtheit n=26

Da die einzelnen Länder relativ groß sind, sagt das Land des Kooperationspartners noch nicht viel über die **Entfernung** zu ihm aus. Deshalb werden im folgenden die Entfernungen zwschen den Kooperationspartnern genau betrachtet. Diese liegen zwischen 5 und 1 000 km. Die einzige Ausnahme ist eine Kooperation eines deutschen Unternehmens mit einem mexikanischen Betrieb, der ca. 11 000 km entfernt liegt.

Um eine intensive Zusammenarbeit zu realisieren, ist es günstig, wenn sich die Partner spontan treffen können und dafür keine großen Entfernungen überbrücken müssen. Hierfür sollten nicht mehr als 150 km zwischen den Betrieben liegen. Von den existierenden Kooperationen erfüllen sechs dieses Kriterium. Bei den anderen untersuchten Kooperationsfällen liegen 330 bis 1 100 km zwischen den Partnern. Eine mögliche Vermutung, daß es sich bei diesen Kooperationen um eine extensive Art der Zusammenarbeit handelt, bei der die Entfernung aufgrund eines geringeren Austausches keine große Bedeutung hat, bestätigt sich nicht. Auch bei diesen Kooperationen findet teilweise eine arbeits- und austauschintensive Form der Zusammenarbeit statt.

Die Kooperationspartner sind etwa genauso groß wie die befragten Betriebe. Dabei wird eine exakte Aufschlüsselung der **Beschäftigtenzahlen** dadurch erschwert, daß verschiedene Befragte nur Schätzungen für die Größe ihres Partnerbetriebes angeben konnten. In einigen Fällen unterscheiden sich die Betriebe nur wenig, bei anderen Beispielen finden sich aber auch beträchtliche Differenzen. So arbeitet ein Zwei-Mann-Betrieb mit einem 100-Personen-Unternehmen zusammen, oder der Kooperationspartner einer Firma mit 140 hat lediglich 19 Beschäftigte. Die Größe der Betriebe scheint für eine Zusammenarbeit also nicht von erheblicher Bedeutung zu sein.

In den häufigsten Kooperationsfällen befinden sich die **Branche** des Partners auf einer gleichgelagerten Wirtschaftsstufe. Die Firmen gehören einer gleichen oder zumindest einer ähnlichen Branche an. Konglomerate Kooperationen finden sich in der Untersuchung also nicht.

3.5 Art der Kooperationen

Eine Übersicht über die einzelnen Kooperationen und der Art ihrer Zusammenarbeit findet sich in Tabelle 3. Zusammenfassend lassen sich folgende **typische Konstellationen** für eine grenzüberschreitende Zusammenarbeit im Handwerk ableiten[3]:

- Zulieferkooperationen
  Bei einer Zulieferkooperation produziert ein Partner bestimmte Bau- oder Produktionsteile, die dann im Produktions-

---

[3] In der mittelständischen Industrie finden sich weitaus am häufigsten Vertriebskooperationen. Kooperationen im Bereich der Produktion haben dort - also im Gegensatz zum Handwerk - nur einen relativ geringen Stellenwert (vgl. KAUFMANN, F. u.a., 1990, S. 71).

Tab.: 3   Kooperationsanalyse nach Phasen

Nr.[1]	Land	Land des Partners	Art der Kooperation [2]
Kooperationen in der Anbahnungsphase			
24	Deutschland	Türkei	Zulieferkooperation
25	Deutschland	Mexiko / Ungarn	Zulieferkooperation / Joint Venture
26	Deutschland	Spanien	einseit. Vertriebskooperation, Koproduktion
29	Luxemburg	Deutschland	Produktionskooperation (Kapazitätsausgl.)
32	Luxemburg	Deutschland	Servicekooperation / Vertriebskooperation
Existierende Kooperationen			
1	Deutschland	Niederlande	Zulieferkooperation
5	Deutschland	Luxemburg	F&E Kooperation, Koproduktion
6	Deutschland	Frankreich	F&E Kooperation
9	Deutschland	Luxemburg / F	Vertriebskooperation
10	Deutschland	Luxemburg / F	Zulieferkooperation
16	Belgien	Frankreich	Kapazitätsausgleich
17	Dänemark	Deutschland / NL	Produktions- und Vertriebskooperation
18	Dänemark	Deutschland / NL	Koproduktion, Kapazitätsausgleich
21	Frankreich	Deutschland	Produktions- und Vertriebskooperation
24	Deutschland	Italien (2 x)	einseitige Vertriebskooperation
27	Deutschland	Italien	Vertriebs- und Produktionskooperation
28	Luxemburg	Deutschland	Vertriebskooperation
30	Deutschland	Frankreich	Vertriebskooperation
31	Deutschland	Spanien	Vertriebs- und Zulieferkooperation
Beendete Kooperationen			
2	Deutschland	Dänemark	F&E Kooperation, Koproduktion
7	Deutschland	Luxemburg	Vertriebskooperation
11	Deutschland	Luxemburg	Vertriebskooperation
19	Dänemark	Großbritannien	Servicekooperation
20	Deutschland	Niederlande	Produktionskooperation
22	Frankreich	Belgien	Servicekooperation, know-how-Transfer
23	Frankreich	Belgien	Koproduktion, F&E Kooperation

[1] Nummer des Fallbeispiels (Anhang 1)

[2] Einstufung nach dem Schwerpunkt der Zusammenarbeit

Quelle: Erhebung EG-Projekt IVb   SfH Göttingen / A. Lüttgens

prozeß des auftraggebenden Kooperationspartners Verwendung finden. Bspw. liefert ein Unternehmen Zahnräder aus Metall oder Kunststoff, die der Kooperationspartner einsetzt, um eine mobile Displaywand zu erstellen. Die Gründe für Zulieferkooperationen liegen darin, daß ein Partner bestimmte Tätigkeiten kostengünstiger ausführen kann; teilweise können aber auch Kapazitätsengpässe die Ursache sein.

- Koproduktionen
  Beide Unternehmen haben sich auf einen bestimmten Teil der Produktion eines gemeinsamen Gutes spezialisiert, wobei jeder Partner seine speziellen Kenntnisse ausnutzen kann. Es findet eine wechselseitige Zulieferung von Vor- oder Endprodukten statt, die anschließend im anderen Unternehmen weiterverarbeitet bzw. einseitig vermarktet werden. Der Grund für diese Kooperationsform liegt in der Regel in spezialisierungsbedingten Kostenvorteilen.

- Wechselseitige Vertriebskooperationen
  In diesen Fällen wird die eigene Angebotspalette durch Produkte des Kooperationspartners ergänzt. Es findet also eine gegenseitige Belieferung statt. Voraussetzung ist, daß es sich um ähnliche Betriebe handelt, die grundsätzlich in der gleichen Wirtschaftsbranche tätig sind, aber bestimmte Spezialitäten anbieten. Ziel von Vertriebskooperationen ist es vor allem, ausländische Märkte schneller und besser zu erschließen. Mit diesen Kooperationen ist oft auch ein Produktionsaspekt verbunden, wenn kleinere Tätigkeiten am Produkt des Partners (z.B. Lackierungen) verrichtet werden, bevor ein Absatz der Produkte erfolgt.

- Einseitige Vertriebskooperationen
  In diesen Fällen bezieht ein Partner Produkte eines anderen, die er dann vertreibt. Bspw. hat ein deutsches Unternehmen eine bestimmte Produktionstechnik, die der spanische Partner nicht hat. Deshalb bietet der Spanier deutsche Produkte, die mit dieser Technik erstellt worden sind, mit an. Er kann also seine Produktpalette auf diese Art und Weise ergänzen. Häu-

fig ist eine einseitige Vertriebskooperation auch mit einer Servicefunktion verbunden, wenn der Vertriebspartner gleichzeitig Montage- und Reparaturleistungen für die Produkte übernimmt.

- Kooperationen zum Kapazitätsausgleich
  Eine solche Kooperation ist nur möglich, wenn die Partner nicht allzu weit entfernt voneinander liegen. Bei bestimmten Kapazitätsengpässen hilft der Partner bei der Produktion. In einem Fall ist dies besonders gut möglich, weil beide Unternehmen das gleiche Patent besitzen.

- Forschungs- und Entwicklungskooperationen
  Diese sind ähnlich wie Koproduktionen zu sehen, nur wird hier von den beiden Partnern zusätzlich ein gemeinsames Produkt entwickelt. Bspw. haben sich zwei Unternehmen aus verschiedenen Ländern zusammengeschlossen, um ein Gerät für die Verkehrslenkung zu entwickeln, wobei beide Partner ihre spezifischen Stärken und Schwächen mit einbringen.

- Joint Venture
  Bei einem Joint Venture findet eine gegenseitige Kapitalbeteiligung statt. Der Kooperationspartner kommt meist aus einem Land mit einem niedrigeren Lohnkostenniveau. In einem Fall soll mit Hilfe des mexikanischen Kooperationspartners der US-amerikanische Markt erschlossen werden, was nur bei den niedrigen mexikanischen Löhnen möglich ist.

4. Besondere Charakteristika von grenzüberschreitenden Kooperationen im Handwerk

4.1 Gutes persönliches Verhältnis zum Kooperationspartner

Schon aus den Gesprächen mit den Experten im Vorfeld der Interviews wurde deutlich, daß bei Handwerksbetrieben ein gutes persönliches Verhältnis zum Kooperationspartner eine äußerst wichtige Voraussetzung für den Erfolg einer Kooperation darstellt. Auch die befragten Handwerksunternehmen gaben an, daß ein gutes persönliches Verhältnis zum Kooperationspartner die wichtigste Voraussetzung für die Stabilität einer grenzüberschreitenden Kooperation darstellt. Deshalb wurde in den Interviews gezielt nach diesem Bereich gefragt.

In Schaubild 4 zeigt sich, daß das persönliche Verhältnis zum Kooperationspartner ausschließlich positiv beurteilt wird. Mehrmals wurde sogar die Antwort "sehr gut" gegeben. Zwischen den existierenden und den beendeten Kooperationen gibt es hier kaum einen Unterschied. Dies mag bezüglich der beendeten Kooperationen überraschend sein, zeigt aber, daß das persönliche Verhältnis zum Kooperationspartner kein Grund für die Beendigung gewesen sein dürfte.

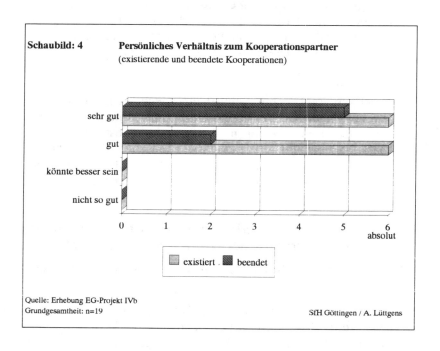

Nach einer Begründung für das gute Verhältnis gefragt, antworteten die Betriebe "eine gute Vertrauensbasis vorhanden", "Zuverlässigkeit und Seriosität ist gegeben", man würde halt "die gleiche Sprache sprechen" und die "gleiche Mentalität" sei vorhanden. Ein anderer Betrieb erwähnte, daß man drei Tage bei einem INTERPRISE-Treffen zusammengewesen, dort relativ schnell zum "Du" übergegangen und dabei ein persönlicher Kontakt entstanden sei, der dann zur Kooperation geführt habe. Nur ein Unternehmer äußerte hier eine andere Ansicht. Bei ihm sei das persönliche Verhältnis zu dem Partner zwar auch auf den ersten Blick gut gewesen, dies habe jedoch nur bis zu dem Punkt gedauert, bis in einem Kooperationsvertrag finanzielle Dinge geregelt werden sollten.

Ein Grund für diese positive Bewertung könnte darin liegen, daß die Kooperationsanbahnung relativ häufig auf bestimmten Veranstaltungen oder Reisen (INTERPRISE-Projekttreffen, Delegationsreisen, SAAR-LOR-LUX-Kooperationsveranstaltungen etc.) stattfindet. Hier entsteht zuerst ein persönlicher Kontakt, bevor man beginnt, über eine mögliche Kooperation zu reden. In diesen Fällen ist eine spontane Sympathie eine entscheidende Voraussetzung dafür, daß überhaupt Kooperationsgespräche begonnen werden. Im Gegensatz dazu wird in der mittelständischen Industrie die Schaffung einer Vertrauensbasis als die größte Schwierigkeit einer grenzüberschreitenden Kooperation angesehen (vgl. KAUFMANN, F. u.a., 1990, S. 109).

4.2 Formlose Vereinbarungen

Nach vielen Definitionen liegt eine grenzüberschreitende Kooperation nur dann vor, wenn eine schriftliche vertragliche Vereinbarung geschlossen worden ist. Für diese Arbeit wurde die Definition jedoch weiter gefaßt, weil aus der Diskussion mit den Projektpartnern im Vorfeld der Befragung bekannt war, daß im Handwerk ein schriftlicher Kooperationsvertrag nur in wenigen Fällen geschlossen wird.

Tab.: 4 Rechtliche Organisation von Kooperationen	
Alle Kooperationen aus der Suchphase	
Formlose Vereinbarung	15x
schriftlicher Kooperationsvertrag	4x
Gründung gemeinsamer Gesellschaft	3x

Wie Tabelle 4 zeigt, wurde diese Vermutung durch die Befragung bestätigt. Nur in wenigen Fällen liegt ein schriftlicher Vertrag vor, sonst erfolgt die Zusammenarbeit formlos.

Auch bei diesem Ergebnis zeigt sich ein Unterschied zu einer ifm-Studie über grenzüberschreitende Kooperationen in der mittelständischen Industrie, wo ermittelt wurde, daß knapp die Hälfte der Kooperationen auf einer formlosen Vereinbarung beruht. Meist wurde hier ein schriftlicher Kooperationsvertrag abgeschlossen oder eine gemeinsame Gesellschaft gegründet (vgl. KAUFMANN, F. u.a., 1990, S. 84 f.).

Folgende Gründe dürften für die Bevorzugung einer formlosen Vereinbarung im Handwerk maßgeblich sein:

- Das Aufsetzen eigener Verträge ist sehr kostenaufwendig. Die Verwendung standardisierter Verträge wäre zwar kostengünstiger, genügt aber kaum den speziellen Bedingungen von Handwerkskooperationen.

- Bei grenzüberschreitenden Kooperationen im Handwerk ist fast immer eine sehr starke Vertrauensbasis zwischen den Beteiligten gegeben Deshalb wird vermutlich eine schriftliche Vereinbarung meist nicht für notwendig erachtet.

- Die Zusammenarbeit gestaltet sich häufig wenig intensiv. In einigen Fällen ist der Unterschied zu einer reinen Lieferbeziehung relativ gering. Wenn allerdings eine Kapitalbeteiligung ins Auge gefaßt wird, steht auch ein Vertrag zur Diskussion.

4.3 Rolle von Verbänden bei der Partnerfindung

Grenzüberschreitende Kooperationen im Handwerk kommen im wesentlichen durch die alleinige Initiative der Betriebe zustande, sondern Handwerksorganisationen spielen hierbei eine entscheidende Rolle. Dies zeigt sich in Schaubild 5.

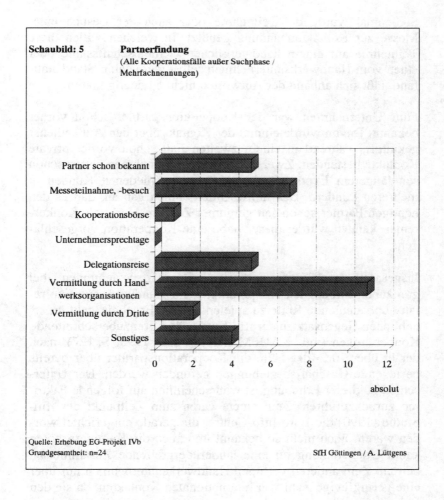

In fast der Hälfte der Fälle kam ein Kontakt infolge einer Vermittlung durch eine Handwerksorganisation zustande. Rechnet man die Delegationsreisen und die Kooperationsbörse hinzu, die von einem Handwerksverband durchgeführt worden sind, zeigt sich der große Stellenwert, der handwerklichen Verbänden zukommt, noch deutlicher.

Siebenmal wurde die Teilnahme oder auch der Besuch einer Messe zur Kontaktanbahnung genutzt. In welchen Fällen diese Teilnahme auf einem handwerklichen Gemeinschaftsstand oder einen vom Handwerksunternehmen selbst gemieteten Stand stattfand, läßt sich anhand der Antworten nicht eindeutig klären.

Fünf Unternehmen war der Kooperationspartner schon vorher bekannt. Davon wurde einmal der Kontakt über den Außendienst geknüpft, während in einem zweiten Fall schon vorher private Kontakte bestanden. Zwei der übrigen Unternehmen hatten schon seit längerem Exportbeziehungen zu verschiedenen Kunden in mehreren Ländern. Das fünfte Unternehmen gab an, daß es den heutigen Partner schon seit geraumer Zeit am Markt als Konkurrenten kennen würde; dieser habe eine Kooperation vorgeschlagen.

Insgesamt erscheinen vorherige Geschäftsbeziehungen bei grenzüberschreitenden Kooperationen im Handwerk nur eine relativ unbedeutende Rolle zu spielen. Dieses Ergebnis steht im erheblichen Gegensatz zu der ifm-Studie über grenzüberschreitende Kooperationen (vgl. KAUFMANN, F. u.a., 1990, S. 127), nach der in über 70 % der Fälle die Kooperationspartner über bereits bestehende Geschäftsbeziehungen gefunden wurden. Der Unterschied zu dieser Erhebung ist wahrscheinlich auf folgende Faktoren zurückzuführen. Zum einen waren zum Zeitpunkt der ifm-Studie (1990) die Euro-Info-Centre, die gerade eingerichtet worden waren, noch nicht so bekannt und auch die Kammern boten kaum Unterstützung für eine länderübergreifende Zusammenarbeit an. Zum anderen verfügen Handwerksunternehmen nur über eine geringfügige Zahl von internationalen Kontakten, da sie den Export entweder erst vor kurzem aufgenommen haben, nur einen einzigen Auslandsmarkt bearbeiten oder nur geringe Exportanteile aufweisen. Dadurch sind ihnen nur wenig potentielle Kooperationspartner bekannt.

5. Gesamterfolg der Kooperationen

In einer abschließenden Frage sollten die Handwerksbetriebe beurteilen, wie sie den Gesamterfolg ihrer Kooperation einschätzen. Wie Schaubild 6 zeigt, gab es überwiegend positive Meldungen. Jeweils sechs Unternehmen beurteilen den Erfolg mit "sehr gut" oder "gut". Interessant ist, daß drei Unternehmen, bei denen die Kooperation beendet ist, trotzdem den Gesamterfolg ihrer Kooperation mit sehr gut bewerteten.

Die Gründe für dieses sich auf den ersten Blick widersprechende Ergebnis liegen darin, daß eine Beendigung nicht immer ein Scheitern darstellen muß. In einem Fall ging der Partner in Konkurs, nachdem die Kooperation jahrelang gut gelaufen war. In einem anderen Fall wurde nach erfolglosen Kooperationsansätzen eine Tochtergesellschaft in Luxemburg gegründet, weshalb der Unternehmer sein Auslandsengagement als positiv ansieht. In einem weiteren Fall wurde die Kooperation dadurch beendet, daß der eine Partner den anderen nach etwa zweijähriger Zusammenarbeit übernahm.

Zwei Handwerker, deren Kooperation bereits nicht mehr existiert, geben eine negative Beurteilung. Im ersten Fall wollte der Partner zu wenig Kosten und Risiken der Kooperation tragen, so daß die Zusammenarbeit schon nach vier Monaten scheiterte. Im zweiten Fall führten Probleme der vertraglichen Abwicklung, insbesondere beim Technologie-Wissens-Transfer, nach zwei Jahren zum Scheitern der Kooperation.

Zwei Unternehmen antworteten auf diese Frage nicht. Aus dem Fragebogen läßt sich aber ebenfalls entnehmen, daß die Kooperation gescheitert ist und deshalb der Kooperationserfolg eigentlich mit schlecht beurteilt werden müßte. Bei einem Handwerker

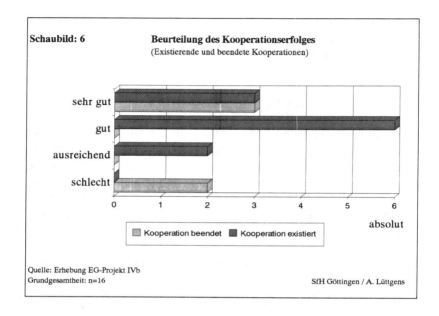

führten Meinungsunterschiede über Mitwirkungs- und Mitbestimmungsrechte nach kurzer Zeit zum Bruch; bei einem anderen scheiterte die Kooperation schon bei dem ersten größeren Auftrag, weil die Zusammenarbeit nicht klappte.

Es läßt sich also feststellen, daß von den sieben beendeten Kooperationen vier gescheitert sind, wobei nur bei einer Kooperation die Zusammenarbeit über das Anfangsstadium hinaus funktionierte; aber auch in diesem Fall existierte die Kooperation nur zwei Jahre.

Bei den existierenden Kooperationen wird die Zusammenarbeit überwiegend positiv beurteilt. Es gab nur zwei ausreichende Bewertungen. Einer dieser beiden Unternehmer meint jedoch, daß der Kooperationserfolg noch ausbaubar sei, da sich die Zusammenarbeit bislang noch in der Entwicklungsphase befindet und keine endgültige Beurteilung zuläßt. Einige Unternehmer antworteten auf diese Frage nicht, da sich die Kooperation noch in der Startphase befindet und es für eine Beurteilung noch zu früh sei.

Wenn auch die existierenden Kooperationen mit der Zusammenarbeit mit ihrem ausländischen Partner zufrieden waren, so traten doch einige Probleme auf. Diese betrafen im wesentlichen die unterschiedlichen Marktbedingungen und Geschäftsusancen im Nachbarland sowie Sprachschwierigkeiten und Mentalitätsprobleme. Drei Unternehmen nannten auch die grenz- und/oder zolltechnischen Schwierigkeiten, die bis Anfang dieses Jahres eine grenznationale Zusammenarbeit sehr behindert hätten. Wie schon oben erwähnt, stellte eine fehlende Vertrauensbasis keine Schwierigkeit bei der Zusammenarbeit dar.

6. Ausblick

Aus der Untersuchung läßt sich zusammenfassend der Schluß ziehen, daß Handwerksbetriebe bei grenzüberschreitenden Kooperationen grundsätzlich anders als Industriebetriebe vorgehen. Ein Handwerker plant sein Auslandsengagement nicht strategisch, sondern führt relativ spontan oder wenn sich eine günstige Gelegenheit bietet, bestimmte Aktivitäten durch, um im Ausland Fuß zu fassen. Anders als ein Manager in der Industrie ist der Handwerker ein Generalist. Er besitzt alle Entscheidungskompetenzen, er trifft seine Entscheidungen selbständig. In der Industrie reift eine solche Entscheidungsfindung über mehrere Befugnisebenen, bis ein Ergebnis erzielt wird, das dann noch vertraglich abgesichert werden muß.

Wagt man eine Prognose, so werden grenzüberschreitende Kooperationen im Handwerk vor allem aus mehreren Gründen in den nächsten Jahren erheblich zunehmen:

- Die "Gründungswelle", die seit zwei Jahren, wenn auch auf niedrigem Niveau, zu beobachten ist, dürfte andauern.

- Der Wegfall der grenz- und zolltechnischen Hindernisse seit Beginn des Jahres 1993 erleichtert eine grenzüberschreitende Zusammenarbeit sehr.

- Die breiten Aktivitäten der Handwerksorganisationen zur Sensibilisierung ihrer Mitgliedsbetriebe für ein Auslandsengagement dürften immer mehr Wirkung zeigen.

Grenzüberschreitende Kooperationen werden aber sicher nicht zu einem "Massenphänomen" werden. Zu einem diesbezüglichen Optimismus besteht kein Anlaß. Hierfür sprechen mehrere Gründe:

- In den 60er Jahren hat es schon einmal eine ausgesprochene Kooperationseuphorie im Handwerk gegeben, wenn auch bei nationalen Kooperationen, so bspw. in Deutschland. Kurze Zeit danach überwog jedoch eher eine Skepsis, weil sich herausstellte, daß sich viele Kooperationen innerhalb kürzerer Zeit auflösten. Dies betraf insbesondere Kooperationen im Bereich der Produktion, weil hier die Transaktionskosten der Zusammenarbeit am größten sind.

- Die Mentalität der Handwerker ist nicht unbedingt kooperationsfreundlich. Ein wichtiges Motiv, einen Handwerksbetrieb zu gründen, liegt oft darin, selbständig handeln und entscheiden zu können. Durch eine Kooperation wird diese Entscheidungsfreiheit reduziert.

- Nur ein geringer Anteil der Handwerksunternehmen ist für eine grenzüberschreitende Zusammenarbeit geeignet, da ein Angebot von Spezialitäten und hohem technischen Know-how vielfach eine notwendige Voraussetzung bildet. Eine Lage in Grenznähe ist zudem vorteilhaft. Wie hoch dieser Anteil ist, läßt sich nicht eindeutig bestimmen. Nach Meinung der Experten dürften 1 % noch zu hoch gegriffen sein.

Beim Vergleich dieser Prozentsätze mit der gegenwärtig sehr geringen Zahl von existierenden transnationalen Kooperationen im Handwerk zeigt sich, daß noch ein erhebliches Kooperationspotential besteht. Um dieses zu aktivieren, bietet sich, wie die Untersuchung gezeigt hat, die Durchführung spezieller Kooperationsveranstaltungen an. Diese sollten sinnvollerweise von denjenigen Organisationen durchgeführt werden, die bislang schon einen engen Kontakt zu den Handwerksunternehmen haben. Das sind in Deutschland, Luxemburg und Frankreich die Handwerkskammern. Dabei kann eine Förderung dieser Aktivitäten durch die Kommission nicht unbeträchtlich zum Zustandekommen und Gelingen dieser Aktivitäten beitragen. Hierbei ist in erster Linie auf die wichtige Rolle der Euro-Info-Centre hinzuweisen, vor allem dann, wenn sie an eine Handwerksorganisation angebunden sind. Aber auch durch das Programm INTERPRISE konnten schon mehrere grenzüberschreitende Kooperationen initiiert werden.

Insgesamt scheint aber die relativ einseitige Ausrichtung der EG-Handwerksförderung in Richtung grenzüberschreitender Kooperationen überdenkenswert. Angesichts der begrenzten Mittel ist zu überlegen, ob nicht eher Aktivitäten gefördert werden könnten, die sämtliche Bereiche eines Auslandsengagements von Handwerksbetrieben abdecken. Das Ziel sollte ein stärkerer grenzübergreifender Austausch zwischen den Unternehmen sein. Hier scheint insbesondere die Unterstützung von gemeinsamen Veranstaltungen für Handwerker aus den Binnengrenzregionen wichtig. Auf diesen Treffen können persönliche Bindungen entstehen, die, wie gezeigt wurde, für eine grenzübergreifende Zusammenarbeit auf verschiedenen Ebenen äußerst wichtig sind bzw. sogar eine Voraussetzung darstellen.

Darüber hinaus fehlen, wie verschiedene Untersuchungen gezeigt haben, aussagekräftige Vergleiche über die handwerksrelevanten Märkte in den verschiedenen EG-Staaten. Nur wenn er ausreichende Informationen hat, kann der Handwerker einschätzen, ob sein Angebot auf den EG-Nachbarmärkten eine Chance hat.

Außerdem stellen fehlende Sprachkenntnisse, Fragen der Risikoabsicherung und der Finanzierung von Auslandsgeschäften nach wie vor für den Handwerker bedeutende Hindernisse dar, um auf den Märkten der EG-Nachbarländer Fuß zu fassen. Eine breitere Ausgestaltung des EG-Förderinstrumentariums dürfte daher zu einer Vergrößerung des Auslandsengagements von Handwerksunternehmen beitragen.

Literaturverzeichnis

Müller, K. (1991): Grenzüberschreitende Kooperationen im Handwerk, in: König, W. und Kucera, G. (Hrsg.): Auslandskooperationen im Handwerk. Kontaktstudium Wirtschaftswissenschaft 1991, S. 219 - 228.

Kaufmann, F. u.a. (1990): EG-Binnenmarkt. Die grenzübereschreitende Kooperation mittelständischer Unternehmen. Schriften zur Mittelstandsforschung, Nr. 34 NF, Stuttgart 1990.

Werner Steller[*]

Angebot und Verzehr
von Brot und anderen Backwaren
in Europa

---

[*] *Prof. Dr. Werner Steller ist Geschäftsführer der Vereinigung Getreide-, Markt- und Ernährungsforschung e.V. Bonn*

Getreide und Getreideprodukte sind weltweit die wichtigste Nahrungsquelle. Sie decken über die Hälfte des Energie- und Eiweißbedarfes der gesamten Weltbevölkerung. In Europa ist dieser Anteil nicht so hoch. Getreide und Brot spielen jedoch auch für die Europäer eine wichtige Rolle. Ich möchte das zusammengefaßt und an einer Reihe von Beispielen für verschiedene Länder aufzuzeigen versuchen und mich dabei mit Brot und Brötchen, Feinen Backwaren, Haushaltsmehl sowie Cerealien beschäftigen.

1. Allgemeine Verbrauchstrends

Insgesamt haben die Verbraucher in den EG-Ländern im Durchschnitt einen jährlichen Pro-Kopf-Verbrauch an Getreideprodukten, der etwa bei 100 kg liegt - bezogen sowohl auf den Verzehr zu Hause als auch in den unterschiedlichsten Formen des Außer-Haus-Verzehrs von der Gemeinschaftsverpflegung in der Kantine bis hin zum Fast-Food-Restaurant oder dem "biologischen Körnercafé" (vgl. Grafik 1). Auf Brot und Brötchen entfielen 1992 vom Gesamtverzehr an Getreideprodukten in Höhe von 101 kg in der Bundesrepublik Deutschland 74 %, auf Feine Backwaren 11 %, auf Reis und Nudeln 5 %, Haushaltsmehl (einschl. Schrot und Grieß) machte 6 % aus, Frühstückscerealien 0,5 % und andere Getreideerzeugnisse wie etwa Haferflocken 3,5 %.

Auch die Bedeutung der Bäckereien und Konditoreien ist in den einzelnen Ländern sehr unterschiedlich, wie aus Grafik 2 deutlich wird.

Lassen Sie uns die einzelnen Bereiche, international gesehen, etwas näher betrachten.

Angebot und Verzehr von Brot und anderen Backwaren in Europa 161

Grafik 1: Daten zum Backgewerbe in Europa/USA

Länder	Brot/Klein-gebäck/PKV*	Marktanteil zur Brotindustrie (%)	Organisationsgrad	Anzahl Filialen (shop in shop)
Frankreich	64	91	85	609
Belgien	57,5	80	90 - 95	3.000
Luxemburg	49	75	90	k.Angaben
BRD	80	75	98	16.700
Österreich	70	80	100	k.Angaben
Schweiz	53	50	98	600
Dänemark	60	35 - 40	77	150 - 200
Norwegen	34,5	65	90	200
Schweden	51	25	70	200
Polen	95	30	20	k.Angaben
Griechenland	k.Angaben	95	100	k.Angaben
Italien	127,5	85	90	40.000
Spanien	58,8 (Brot)	k.Angaben	90	92.000
USA	60	Indoor 12,4 Hotels 55 Rest 32,6	10	2.400
Niederlande	60	40	80	4.800

Quelle: Union Internationale de la Boulangerie et de la Boulangerie-Patisserie (UIB), 1993
* Pro-Kopf-Verbrauch in kg pro Jahr

Grafik 2: Beschäftigte und Umsatz in Bäckereien/Konditoreien in Europa/USA

Länder	Beschäftigte in Bäckereien	Beschäftigte in Konditoreien	Umsatz Bäckerhandwerk in Landeswährung (Mio.)
Frankreich	143.000	36.000	50.000 FF*
Belgien	26.947	*	60.000 BF*
Luxemburg	1.485	522	k. Angaben
BRD	261.000	38.000	20.000 DM
Österreich	21.332	15.170	14.000 öS
Dänemark	12.000	*	4.000 DKr*
Schweiz	30.000	*	2.200 SF
Norwegen	6.400	*	4.000 NKr*
Schweden	10.000	5.000	3.000 SKr*
Polen	70.000	33.000	k. Angaben
Griechenland	8.500	*	k. Angaben
Italien	200.000	90.000	k. Angaben
Spanien	70.983	*	350 Mrd. Pes.
USA	k. Angaben	k. Angaben	15.000 $
Niederlande	40.000	*	2.500 hfl

Quelle: Union Internationale de la Boulangerie et de la Boulangerie-Patisserie (UIB), 1993
* Für Bäckereien/Konditoreien

1.1 Brot und Kleingebäck

Die Angebotsvielfalt, die natürlich vom Charakter des Brotes (auch hinsichtlich der verwendeten Rohstoffe) bzw. Backwaren abhängt, ist in der Europäischen Gemeinschaft überall groß, der Verbrauch ist aber in Höhe und Zusammensetzung recht unterschiedlich. Die Sortenvielfalt erhält zunehmend internationalen Charakter.

In der Bundesrepublik macht - wie oben bereits dargestellt - der Konsum von Brot und Kleingebäck am Getreideverzehr knapp drei Viertel aus, aber in der Zusammensetzung haben sich hier in den letzten fünf bis zehn Jahren ganz entscheidende Veränderungen ergeben; auf unterschiedlichem Konsumniveau ist das in anderen europäischen Ländern ähnlich.

Die "Gesundheitswelle" hat den Verzehr schrothaltiger (teilweise auch roggenhaltiger) Brote und Brötchen erhöht, interessanterweise nicht etwa nur in Deutschland, sondern auch in Großbritannien sowie in Teilen von Frankreich und Oberitalien. Die "Genußwelle" hat auch die romanische, d.h. vor allem die französische Rezeptur verstärkt in die Weißwarenherstellung einziehen lassen. Die mediterranen Spezialbrote und Brötchen können zunehmend in fast allen EG-Ländern erfolgreich im Markt plaziert werden.

Das heißt jedoch kaum oder nur in geringem Umfang, daß beispielsweise in den Niederlanden produzierte Roggen- und Schrotbrote an die Mittelmeerküste wandern oder in Frankreich hergestellte Brote bis nach Irland kommen. Hier setzen weitgehend die Technologie der Herstellung und die Charakterisierung der Ausgangsrohstoffe den Transport von einem Land ins andere enge Grenzen. Die überwiegende Menge bei Brot und Gebäck sind "Frischware", egal, ob sie aus dem Vereinigten Königreich oder aus Italien kommen. Alles was über eine Versandstrecke von 300 bis 400 Kilometer hinausgeht, macht hinsichtlich der Haltbarkeit und damit auch in Bezug auf die sensorische Genußfähigkeit Herstellern und Konsumenten Probleme. D.h. nicht die

Ware, sondern die Backrezepte werden von einem Land zum anderen "transportiert". Das beinhaltet eine veränderte Zusammensetzung der Rohstoffe, der Gewürze, der Triebmittel, wobei der backtechnisch fachliche Rat für den herstellenden Bäcker auf internationaler Basis eine zunehmende Bedeutung erlangt.

1.2 Feine Backwaren

Wenn man hier die Bandbreite von Kuchen unterschiedlicher Arten bis hin zum keksartigen Feingebäck zieht, dann ergeben sich noch mehr als bei Brot etwa zwischen Schottland und Spanien ganz erhebliche Unterschiede. Auch die täglichen Mengen, die im häuslichen Verzehr, in der Konditorei und im Café in die Mägen der Verbraucher wandern, sind von Land zu Land recht unterschiedlich. Dieser Beitrag wäre überfordert, wenn er versuchen würde, eine Transparenz für die europäische Situation zu geben. Eins kann man jedoch länderübergreifend feststellen, und dies gilt vor allem vor allem für die Bundesrepublik Deutschland, Frankreich, das Vereinigte Königreich und Skandinavien. In Gebäcke wandern zunehmend auch Mehltypen hinein, die früher nur für Brot verwendet wurden. Auch Schrot beginnt hier eine gewisse Bedeutung zu erlangen. Fett und Zucker werden "zurückgefahren"; Gewürze und andere Beimischungen finden dagegen häufiger Verwendung.

Insgesamt gesehen sind die Kuchen und Keksmärkte relativ stabil. Und soweit es sich um Dauerbackwaren handelt, sind Im- oder Exporte in den letzten zehn Jahren zum Teil erheblich gestiegen. Spezialitäten aus England und Schottland beispielsweise finden zunehmend Liebhaber auch im Mittelmeerraum. Französische und belgische Spezialitäten haben einen beachtlichen Marktanteil in Deutschland und auch in Skandinavien erreicht. Hier sind keine oder kaum Schranken wie bei Brot durch Frische- und Lagerungsproblemen gegeben, höchstens noch Zollbarrieren, die aber zumindest in der Europäischen Gemeinschaft von Jahr zu Jahr mehr abgebaut werden.

1.3 Zum Backen außerhalb der professionellen Backstube

Die europäische Hausfrau backt traditionell Kuchen, Kekse, zum Teil für besondere Gelegenheiten, wie Weihnachten und Geburtstage. Im nördlichen Europa, wo der Weg zum Bäcker häufig viele Kilometer lang war und auch noch heute ist, backt sie auch mehr Brot als in Mittel- oder Südeuropa. Dazu kommen Gastronomie und Kantinen, die ihre Frischware in eigenen Öfen zum Teil vor den Augen ihrer Gäste herstellen und damit dem traditionellen Bäcker Konkurrenz machen.

In der Bundesrepublik Deutschland lag die Verwendung von sogenanntem Haushaltsmehl 1992 bei ca. 7 % der Gesamtvermahlung. Dazu dürften noch einige Prozent vom Gesamtmarkt kommen, die den Gastronomen- und Kantinenbäcker betreffen. In den mediterranen Ländern liegt der Wert noch darunter. In kaum einem Land werden mehr als 15 % der Gesamtvermahlung in diesem Bereich verwendet, außer in Skandinavien, wo der Anteil von sogenanntem Haushaltsmehl traditionell bei 30 % und mehr des Mehlverbrauches liegt. Wie die Markt- und Ernährungsforschung verschiedener Länder zeigt, gehen Millionen Hausfrauen in Europa immer mehr dazu über, vor allem Gebäckspezialitäten aus anderen Ländern nachzubacken, die man im Urlaub, über Zeitschriften oder das Fernsehen kennengelernt oder auch zum Teil mit relativ hohen Kosten zunächst einmal als importiertes Produkt im Supermarkt gekauft hat.

1.4 Breakfast-Cereals und andere Getreideprodukte

Die sogenannte biologische Welle und die Diskussion um eine "vollwertige Ernährung" haben Müslis, Weizen- und Haferflocken usw. heute erheblich mehr in den Blickpunkt gerückt als noch vor fünf oder zehn Jahren. Das gilt vor allem für Mitteleuropa, aber auch für große Teile von Frankreich und Skandinavien sowie Oberitalien, wo die Nachfrage in den letzten Jahren auf unterschiedlichem Niveau entsprechend zugenommen hat.

Cerealien werden sowohl durch industrielle Hersteller vorgefertigt und abgepackt, aber auch vom Verbraucher selbst hergestellt. In der Bundesrepublik gibt es bereits mehr als hunderttausend kleine Schrotmühlen, mit denen Verbraucher regelmäßig mahlen und quetschen, um ihrer Gesundheit einen besonderen Dienst zu erweisen.

Aber was bringt das mengenmäßig? Ich möchte hier folgende Trendbeschreibung geben. In den Ländern, wo im angebotenen Brot- und Gebäcksortiment Schrot und Körner enthalten sind, liegt der Cerealienverbrauch relativ niedrig, wie z.B. in der Bundesrepublik Deutschland, wo pro Kopf und Jahr lediglich zwischen 1 bis 2 kg verzehrt werden. In Großbritannien greift man auf solche Produkte beispielsweise mehr (auch durch historisch gewachsene Eßgewohnheiten bedingt) zurück und kommt damit auf einen Pro-Kopf-Verbrauch pro Jahr von etwa 5 bis 6 kg. Neben der traditionellen Art von Schrot oder Flocken für den direkten Verzehr mit Milch, Fruchtsäften usw. wandern Cerealien jedoch auch zunehmend in Brote und Gebäcke hinein. In der Schweiz, in Österreich, in Deutschland oder auch in Skandinavien gibt es bereits Müslibrote oder Gebäcke (Riegel). Getreideflocken werden eingebacken oder auf das Brot oder das Gebäck gestreut.

2. Brot und Backwaren im Außer-Haus-Bereich

Brot und Backwaren wurden früher fast ausschließlich beim Bäcker gekauft oder zu Hause gebacken und als Bestandteil von unterschiedlichen Mahlzeiten durch die Hausfrau "verarbeitet". Dies gilt vom Sandwich bis zur Baguette-Pizza. Die großen Veränderungen, vor allem der letzten 20 Jahre, in unserer Lebens- und Arbeitsweise haben jedoch die Bedeutung des Essens zu Hause z.T. erheblich geschmälert. Essen Außer-Haus, Kantinenverpflegung, neue Formen der Zubereitung, z.T. sogar neue Lebensmittel oder die traditionellen Produkte auch im Brot- und Backwarensektor hatten sich diesen neuen Verwendungsformen entsprechend zuzuordnen. Wenn man einmal den Brot- und

Backwarenverzehr in der Bundesrepublik Deutschland überprüft, dann liegt ein knappes Drittel bereits in diesem Außer-Haus-Bereich. Die meisten anderen europäischen Länder zeigen ähnliche Trends.

Der hohe Conveniencegrad von Brot, seine gute Kombinierbarkeit zu anderen Lebensmitteln, von Fleisch über Käse bis hin zu verschiedenen Gemüsearten, und die Tatsache, daß man es sowohl kalt als auch warm überbacken (anbieten und verzehren) kann, brachten ihm offensichtlich im Außer-Haus-Bereich eine dominierende Position, die in einigen Ländern auch dafür verantwortlich ist, daß der seit Jahren rückläufige Brot- und Backwarenverzehr wieder stabilisiert werden konnte.

Es lohnt sich deshalb, einige Segmente dieses Marktes etwas näher zu betrachten. Zunächst zu den veränderten Eßgewohnheiten für die Zeit, in der wir täglich arbeiten. Wer 8 bis 10 Stunden am Tag tätig ist, muß mehrfach zwischendurch etwas essen und trinken, das ist eine ganz simple physiologische Notwendigkeit. Früher brachte man sich das, was man an der Werkbank oder am Schreibtisch zu sich nahm, weitgehend von zu Hause mit. Heute bietet es einem häufig der Betrieb, in dem man arbeitet. Oder es gibt um den Betrieb herum kleine Restaurants, Lebensmittelgeschäfte, Fleischer oder Bäcker, die sich auf diese Bedürfnisse eingestellt haben.

Eine richtige "Betriebsverpflegung" gibt es beispielsweise in der Bundesrepublik Deutschland (ohne neue Bundesländer) nur für etwa die Hälfte aller etwa 27 Mio. Arbeitnehmer. Diese arbeiten in Betrieben, wo es sich lohnt, eine eigene Kantine oder etwas vergleichbares zu unterhalten. Die andere Hälfte (das sind mehr als 13 Mio. Arbeitnehmer) muß sich nach wie vor etwas von zu Hause mitbringen oder während der Mittagspause schnell dort hingehen, wo kleine Mahlzeiten angeboten werden. In Frankreich oder Spanien ist die Situation nicht viel anders.

Bei der sog. Betriebsverpflegung denkt man in Mittel- und Nordeuropa zunächst an die meist warme Mittagsmahlzeit, die dem Arbeitnehmer oft in der Kantine zu günstigen Preisen angeboten wird. Und hier änderte sich, vor allem in Mitteleuropa, in den letzten 10 Jahren sehr viel. Heute sind die Kantinen in der Regel froh, wenn sie zur Mittagsmahlzeit noch 30 bis 40 % der Arbeitnehmer bedienen können (in den 50er Jahren waren es einmal 80 bis 90 %). Diese wollen heute mehr, als für wenig Geld sattzuwerden. Das gilt vor allem für weibliche Arbeitnehmer. Man möchte kleinere Portionen, die man sich selber zusammenstellt, und man möchte nicht nur mittags während der Arbeitszeit Mahlzeitenangebote wahrnehmen, sondern vor allem zwischen 9.00 und 10.00 Uhr und zwischen 15.00 und 16.00 Uhr. In der Bundesrepublik nehmen in Betrieben mit entsprechendem Angebot 60 bis 80 % der Arbeitnehmer am Tag eine oder auch mehrere kleine Zwischenmahlzeiten während der Arbeitszeit ein.

Für Bäcker ist die Feststellung insofern wichtig, da etwa zwei Drittel aller dieser kleinen Mahlzeiten Brot und Backwaren enthalten. Das geht in der Bundesrepublik von belegten Spezialbrötchen, roggenhaltigen Brötchen, Sesamwecken, Mohnstangen, Croissants, Baguettes bis hin zu warmen Weizenbroten oder auch Roggen- und Schrotbroten. Viele Betriebe offerieren ihren Arbeitnehmern bis zu 25 unterschiedliche Sorten Brot und Kleingebäck. Zum Teil werden Brötchen und auch bestimmte Backwaren direkt in der Kantine gebacken (meistens auf der Basis von gärunterbrochenen Teigen). Dadurch wird erreicht, daß beispielsweise während der Spät- und Nachtschicht in der Automobilindustrie noch warme Kleingebäcke angeboten werden können.

Die gute Qualität von Brot und Backwaren wird im Kantinenbereich in der Bundesrepublik, aber auch in Östereich, Skandinavien und in den Beneluxländern nach vorliegenden Untersuchungen mit einem entsprechenden Preis für den Hersteller honoriert, denn eine schlechte Qualität von Brot und Backwaren führt insgesamt zu einer schlechteren Beurteilung der Kantine. In der Bundesrepublik läßt sich mamcher Kantinenleiter vom zuliefernden Bäcker die mittlere bis hohe Qualität vor allem der Kleingebäcke garantieren, die er oft mit einem Preisaufschlag von 10 bis 20 % zu honorieren bereit ist. Vom Bäcker wird auch ein vermehrter Service verlangt, der die Probleme des Großverbrauchers lösen hilft. Er steht also einer völlig anderen Situation bei einem großenteils anderen Sortiment gegenüber, als wenn er direkt an die Hausfrau verkauft.

Die kleine schnelle Mahlzeit wird natürlich nicht nur während der Arbeitszeit oder im Zusammenhang damit verzehrt. Überall dort, wo sie angeboten wird, finden sich auch Nachfrager aus den unterschiedlichsten Gründen. Das geht von morgens bis in die späte Nacht. Mein Institut hat einmal das Angebot der Schnellgastronomie in verschiedenen europäischen Ländern überprüft. Es reicht vom Hamburger mit Whisky in einem kleinen schottischen Betrieb über die Salzbrezel in der Brotzeitstube Tirols und die belegten Croissants eines französischen Fernfahrerbistros bis hin zu Pitas im südlichen Mittelmeerraum.

Für Brot und Backwaren gilt im schnellgastronomischen Bereich grundsätzlich ähnliches wie für Kantinen. Ein niedrigpreisiges, im höchsten Grad komplementäres Convenieceprodukt ist Basis für weit über die Hälfte aller angebotenen Mahlzeiten, so daß sich große und kleine Bäcker zunehmend in diesen Markt einschalten. Dies geschieht entweder durch einen verbesserten Service (neue Produkte usw.) oder auch als direkte Produzenten, d.h. der Bäcker wird in einer gewissen Form als "Gastronom" sichtbar tätig.

Im Servicebereich möchte ich beispielhafte Bemühungen aus Großbritannien anführen: Pubs und Kneipen versuchen seit zwei bis drei Jahren, stagnierende Umsätze (vor allem bei Bier) mit kleinen Mahlzeiten zu ergänzen, durch die man die Gäste von der Schnell- und take away-Gastronomie fernhalten möchte. Sandwiches und Toasts erzielen in der Getränkegastronomie im Vereinigten Königreich bemerkenswerte Umsätze. So schulen beispielsweise englische Brauereien systematisch ihre Lizenzgastronomen in der Herstellung von belegten Broten, Baguettes usw. Die englische Mühlenwirtschaft sowie das Backgewerbe haben diesen Service ins Leben gerufen und mit wesentlichen Finanzmitteln unterstützt. In Deutschland versucht man mit ähnlichen

Methoden, Bier, Wein und Brot in der Gastronomie besser zu kombinieren und damit den Absatz zu steigern.

In der Bundesrepublik Deutschland hat sich in den letzten 10 Jahren der Absatz von Brot und Backwaren im Außer-Haus-Bereich mehr als verdoppelt. Dies gilt vor allem für den schnellgastronomischen Bereich. So setzt beispielsweise die Fischrestaurantkette des Unilever Konzerns im Jahr allein 55 bis 60 Mio. Brötchen ab. Es handelt sich hierbei um keine Softbrötchen, wie sie für den Hamburger nötig sind, sondern um kroß ausgebackene, leckere Backwerke, die einen für den Konsumenten sehr eigenen Geschmack entwickeln. Die Entwicklung in Großbritannien liegt auf ähnlichem Niveau.

3. Genuß und Gesundheit

Die meisten Europäer essen einerseits zu viel, zu fett, zu süß und trinken zu viel Alkohol, andererseits haben viele Menschen an bestimmten Vitaminen und Mineralstoffen bei solch ungünstiger Ernährungssituation ein Defizit. Brot und Brötchen mit ihren günstigen Nährstoffzusammensetzungen verdienen bei dieser Situation das Prädikat "empfehlenswert". Dies wird deutlich, wenn man den Anteil von Brot und Brötchen (incl. sonstiger Getreideprodukte) an der Nährstoffzufuhr betrachtet. Die Werte für die Bundesrepublik Deutschland finden sich in Grafik 3. Auch die anderen Staaten dürften in den Werten, die Brot und Brötchen für die wünschenswerte Zufuhr an Nährstoffen bieten, nicht viel anders liegen.

Grafik 3:

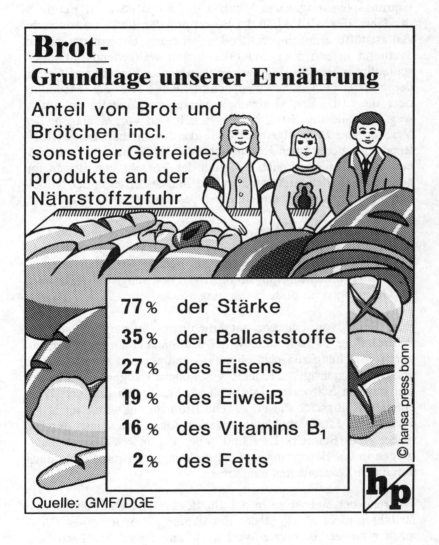

Es ist in der Tat interessant festzustellen, daß zum Beispiel Ernährungsphysiologie und Medizin in Europa etwa im Vergleich der Jahre 1960 zu 1990 in der Bewertung der Stärke und auch der Ballaststoffe eine entscheidende Wandlung mitgemacht haben. Während in den 50er und 60er Jahren weitgehend mit unterschiedlicher Begründung geraten wurde, den Verzehr von Getreideprodukten einzuschränken, empfehlen heute die Mediziner oder die offiziellen Gesundheitsberatungsorganisationen durchweg Getreide und Brot. In der Regel wird vorgeschlagen, den Verzehr von Brot allgemein - wie das beispielhaft der COMA-Report im Vereinigten Königreich tut - um 20 bis 30 % zu erhöhen. Zum Teil wird auch lediglich der Verzehr von Broten mit höheren Gehalten an Vitaminen und Ballaststoffen in den Mittelpunkt der Ernährungsempfehlungen gestellt.

Das Mühlen- und Backgewerbe in einer ganzen Reihe von Ländern hat diese günstige Bewertung durch Physiologie und Medizin aufgegriffen und durch eine vermehrte, vor allem medizinische und ernährungsphysiologische Forschung, teilweise auch die Grundlagen für diese Bewertung geschaffen.

Eine Reihe von Ländern hat erhebliche Finanzmittel aus der Wirtschaft (z.T. auch hohe Mittel des Staates) aufgewendet, um durch Forschung zunächst einmal Grundlagen zu schaffen. Eine gezielte langjährige, z.T. auch gesundheitsbezogene Aufklärung war etwa in Schweden, Deutschland, Frankreich und dem Vereinigten Königreich die Folge. Die Brotnahrung wurde auch den veränderten Eßgewohnheiten angepaßt (das gilt u.a. auch für den Außer-Haus-Bereich). Hier sind in der Tat interessante Veränderungen in der Bewertung und der Nutzung der Brotnahrung auch durch den Konsumenten eingetreten.

Während beispielsweise in der Bundesrepublik Deutschland vor 20 Jahren mehr als 70 % der Bevölkerung Brot für einen Dickmacher hielten, ist dieser Wert heute auf unter 20 % gesunken. Wesentlich dazu beigetragen hat hier ohne Zweifel der Einbau des Brotes in die Schlankheitskost. Die "Brotdiät" gehört in Holland und in den deutschsprachigen Ländern zu den am besten in den Medien und auch beim Verbraucher akzeptierten Formen der Schlankheitskost, und sie hat auch Eingang in die Gemeinschaftsverpflegung sowie sehr stark in die ärztliche Praxis gefunden.

Eine ähnlich günstige Ausgangsposition hat Brot auch für die Bekämpfung von Obstipation durch eine vermehrte Zufuhr von Ballaststoffen. Hier ist die jetzt wissenschaftlich abgesicherte Tatsache für die Argumentation auch durch das backende Gewerbe sehr hilfreich, daß sogar ein in Mittel- und Westeuropa übliches Weißbrot mehr Ballaststoffe aufweist als jede Art von Obst und Gemüse. Brot wird insgesamt vom europäischen Verbraucher wieder mehr als ein gesundes Lebensmittel empfunden, das in steigendem Maße auch zu einer genußreichen Ernährung gehört. Hierzu tragen vor allem die hohen Anteile von Stärke, Getreideeiweiß, Ballaststoffen usw. bei. In einigen Ländern, wie etwa Großbritannien und Deutschland, heißt gesund aber auch möglichst frei von Zusatzstoffen, wozu natürlich auch Konservierungsstoffe wie Propionsäure usw. gehören

4. Markttrends bis zum Jahre 2000

Wenn man den Blick auf den Pro-Kopf-Verbrauch von Mehl in Europa lenkt, dann ist feststellbar, daß durchaus noch Differenzen zwischen den Staaten in der Höhe des Verbrauches, der sich aus der Verwendung des Mehles für den Brot- und Backwarensektor und für das Selbstbacken der Hausfrau ergibt, bestehen. In einer Reihe von Ländern hat sich aber offensichtlich der Mehlmarkt mit entsprechenden Einflüssen auf den Brotmarkt stabilisiert, so daß man aufgrund der Konsumentwicklung in Deutschland eine Prognose wagen kann, die mit unterschiedlichem Niveau durchaus auch für einige andere mitteleuropäische Staaten Realität werden könnte. Wie EG-Berechnungen zeigen, werden für den Durchschnitt der Europäischen Gemeinschaft in den nächsten fünf Jahren zwischen 2,5 und 3 % Zuwachs im Brotverbrauch erwartet.

Die Marktforschung in der Bundesrepublik, in Skandinavien, im Vereinigten Königreich, aber auch in Frankreich scheint zu signalisieren, daß sich der Verbraucher bei Brot und Backwaren mit seinen Wünschen und in der Akzeptanz der Produkte zwischen Genuß und Gesundheit bewegt. Dort, wo sich beide Nachfragebegründungen treffen, d.h. wo ein Produkt sowohl den geschmacklichen Wünschen des Verbrauchers entspricht und dabei auch noch seinen Gesundheitsvorstellungen möglichst nahe kommt, scheinen die größten Zuwachsmöglichkeiten zu liegen.

Europaweit werden insgesamt drei Trends erwartet, die sich aus unterschiedlichen Backtraditionen entwickelt haben. Besonders in Mitteleuropa sind sie heute schon deutlich erkennbar. Es wird erwartet, daß diese Entwicklung in den nächsten Jahren eine noch stärkere überregionale Bedeutung erhalten wird.

Mit dem deutsch-skandinavischen Trend nach dem Motto "Gesundheit mit Geschmack" werden Schrot- und Vollkornspezialitäten weit über die Grenzen der traditionellen Schwarzbrotländer hinaus Käufer finden. Frische und Genuß verspricht der französische Trend, der Spezialitäten, wie Baguettes und Croissants, überall zu einem festen Bestandteil des Sortiments machen wird. Produkte mit Gastronomie- und Erlebnischarater bringt der mediterrane Trend: Überbackenes und Eingebackenes (z.B. Pizza oder Pita) finden verstärkt ihren Weg aus der Gastronomie in den privaten Haushalt.

Der Verzehr von Brot und Kleingebäck im Außer-Haus-Bereich dürfte in den 90er Jahren weiter steigen. Ein Anteil von 30 bis 40 %, der nicht mehr über den privaten Haushalt läuft, scheint für die meisten Staaten in Europa Realität zu werden (vor allem in Mittel- und Nordeuropa). Diese Entwicklung ist im Zusammenhang mit den Vorhersagen über die Zuwächse des Verzehrs von Lebensmitteln in Kantinen, im Fast Food-Bereich usw. zu sehen. Die Marktforscher sind hier ferner der Auffassung, daß die Systemgastronomie amerikanischen Zuschnitts zwar in einer Reihe von Ländern weiter wachsen dürfte, jedoch die mehr ethnisch gebundenen Konzepte, wie sie etwa in Frankreich mit großem

Erfolg praktiziert wurden, in der EG insgesamt die größeren Zuwachsraten erwarten können. Und das hat natürlich auch erhebliche Auswirkungen auf das Angebot und die Nachfrage bei Brot und Backwaren. Die Bäcker sollten diesen Markt, der erheblich komplizierter ist als der für die Hausfrauen im privaten Umfeld, richtig einschätzen und entsprechende Konsequenzen daraus ziehen. Denn Brot und Backwaren können auch durch andere Lebensmittel, die der Hersteller besser dem Fast Food-Markt zuordnet, substituiert werden.

Innerhalb Europas dürfte vor allem der Austausch von Rezepten für Brot und Backwaren weiter zunehmen, weniger jedoch der direkte Export von einem Land in das andere (Dauerbackwaren natürlich ausgenommen). Insgesamt gesehen ist zu vermuten, daß die nationale Gebundenheit von Angebot und Nachfrage nachläßt. Spezialitäten werden zunehmend mehr regional gesehen. Dies gilt sowohl innerhalb der einzelnen Staaten als auch aus der gesamteuropäischen Sicht. Eine Brioche ist besonders schön, weil sie aus einem französischen Departement kommt und nicht allgemein aus Frankreich, oder ein Roggenbrot wird deshalb favorisiert, weil es aus Berlin und nicht allgemein aus Deutschland stammt. Europa wächst zusammen. Eß- und Trinkgewohnheiten werden mehr und mehr Allgemeingut, so daß Zeiten kommen können, wo eine Paella granadischer Würzung auch für einen Schotten nichts Ungewöhnliches mehr ist und umgekehrt ein Knäckebrot aus Dänemark in Griechenland mit Vergnügen zum Schafskäse verzehrt wird.

Theo Wershoven*

Struktur und Entwicklungstendenzen im europäischen Fleischerhandwerk

---

* RA Theo Wershoven ist Hauptgeschäftsführer des Deutschen Fleischerverbandes e.V., Frankfurt/M. und Generalsekretär des Internationalen Metzgermeister-Verbandes, Brüssel

Mit der Einheitlichen Europäischen Akte, die am 1.7. 1987 in Kraft getreten ist, haben sich die Mitglieder der Europäischen Gemeinschaft verpflichtet, den Europäischen Binnenmarkt ohne Handels und Zollgrenzen bis 1992 schrittweise zu verwirklichen. Mit der Vollendung des Europäischen Binnenmarktes zum 1.1.1993 werden sich europaweit die Grenzen für Waren, Personen, Dienstleitungen und Kapital öffnen.

Der europäische Wirtschaftsraum einschließlich der EFTA-Länder wird dann mit 380 Mio. Verbrauchern sowie einem Anteil von 40 % am Welthandel die weltweit größte Wirtschaftszone darstellen. Es kann daher nicht ausbleiben, daß für viele regionale oder lokale Anbieter, und dazu gehören die meisten Betriebe des Fleischerhandwerks, ein Europa ohne Grenzen ein Schreckensgespenst ist. Die Abstimmungsergebnisse in Dänemark und in Frankreich haben dies allzu deutlich werden lassen. Die kleinen und mittleren Unternehmen fürchten um ihre angestammten Marktpositionen, rechnen mit einem neuen enormen Wettbewerbsdruck seitens der kapitalkräftigen Giganten und fürchten die teilweise unangemessenen Vorschriften des europäischen Lebensmittelrechtes. Sie werden in ihrer Einschätzung dadurch bestärkt, daß sich die EG Kommission allzu sehr an den Verhältnissen industrieller Fleischgewinnung und -verarbeitung orientiert und weniger an den Belangen der fleischerhandwerklichen Betriebe.

Strukturdaten

Die Strukturdaten des europäischen Fleischerhandwerks, wie durchschnittliche Umsatzleistung oder Beschäftigtenzahl in den einzelnen Staaten, demonstrieren für ganz Europa die überwiegend kleinbetriebliche Organisation der Branche. Die hohe Distributionsdichte der Betriebe verdeutlicht den Nahversorgungscharakter ihres Marktauftritts.

Abdruck erfolgt mit Genehmigung der Redaktion Fleischwirtschaft, Erstveröffentlichung Fleischwirtschaft Nr. 12/1992.

Insgesamt gibt es in der 12er Gemeinschaft rund 173 000 Betriebe des Fleischerhandwerks. Hinzu kommen beispielsweise noch knapp 3000 Betriebe in Österreich und 1800 Betriebe in der Schweiz. Im bezeichneten Wirtschaftsraum finden fast 700 000 Menschen im Fleischerhandwerk Arbeit und verdienen dort ihren Lebensunterhalt. Die Jahresumsatzleistung erreichte 1991 ein Gesamtvolumen von umgerechnet gut 116 Mrd. DM. Damit erreicht die Branche in ihrer europäischen Gesamtheit eine Dimension, die selbst das Potential multinationaler Konzerne deutlich übertrifft (Tab. 1).

Dieser Gesamteindruck kann aber nicht darüber hinwegtäuschen, daß in allen Staaten Europas in der Mehrzahl kleine Betriebseinheiten existieren, in denen, neben den Inhabern, nur wenige Personen tätig sind. Dies gilt insbesondere für Betriebe in den Mittelmeeranrainerstaaten, die im Vergleich zu Mitteleuropa dort in größerer Zahl vertreten sind, jedoch nur eine unterdurchschnittliche Umsatzleistung und Beschäftigtenzahl aufweisen. Repräsentative Beispiele hierfür sind Griechenland und Italien. Mit 118 bzw. 76 Handwerksbetrieben je 100 000 Einwohnern ist in diesen beiden Ländern die höchste Distributionsdichte in Europa gegeben, die durchschnittliche Jahresumsatzleistung der Betriebe wird allerdings von nur wenig mehr als durchschnittlich 2 Mitarbeitern erwirtschaftet und bleibt, umgerechnet, unter einer halben Million DM. Vergleichbare kleinbetriebliche Strukturen sind traditionell auch in Irland, Belgien und Frankreich anzutreffen.

Nach Italien mit 44 000 Betrieben liegt in Frankreich mit 30 000 die zweithöchste nationale Anzahl selbständiger Betriebe vor. Mit durchschnittlich 2,3 Personen werden dort umgerechnet 422 000 DM an Jahresumsatz pro Betrieb erzielt.

Eine mittlere Kategorie hinsichtlich der durchschnittlichen Betriebsgröße bilden die Länder Spanien (trotz der vergleichsweise großen Anzahl von 26 000 Betrieben), die Niederlande und Großbritannien. In diesen Ländern liegt die durchschnittliche Beschäftigtenzahl bereits zwischen 4 und 5 Personen, und der

Jahresumsatz erreicht im Mittel umgerechnet zwischen 617 000 und 737 000 DM.

Tab.1: Strukturen des Fleischerhandwerks in Europa 1991

	Anzahl selbständiger Betriebe	Beschäftigte	Gesamt-Umsatz in Mio. DM	Ø Umsatz/ Betriebe in 1000 DM	Ø Beschäftigte/ Betrieb	Betriebe je 100 000 Einwohner	Marktanteil in %
Belgien	7 400	20 700	3 840	519	2,8	74	47
Deutschland	27 300	211 100	37 600	1 377	7,7	34	50
Dänemark	900	9 100	882	980	10,1	18	8
Frankreich	30 000	70 000	12 646	422	2,3	53	43
Griechenland	12 000	*30 000	5 600	467	2,5	118	--
Großbritannien und Nordirland	13 700	68 000	8 455	617	5,0	24	33
Irland	1 700	4 900	62	365	2,9	48	65
Italien	44 000	*90 000	*15 400	*350	*2,1	76	--
Luxemburg	220	1 700	270	1 227	7,7	55	50
Niederlande	4 750	22 000	3 170	667	4,6	32	48
Portugal	*5 000	*20 000	*2 250	*450	*4,0	*48	--
Spanien	26 000	110 000	19 164	737	4,2	67	70
EG - 12	172 970	657 500	109 339	632	3,8	50	--
Österreich	2 960	23 300	3 553	1 200	7,8	40	60
Schweiz	1 800	13 000	3 472	1 929	7,2	28	75

geschätzt

In einer dritten Kategorie hinsichtlich der Größenstruktur der Betriebe in der EG sind die Länder Dänemark, Luxemburg und Deutschland und, nimmt man die beiden EFTA-Staaten noch hinzu, Österreich und die Schweiz zu sammenzufassen. In diesen Ländern verdeutlichen vergleichsweise hohe Durchschnittsumsätze und Beschäftigtenzahlen bei gleichzeitig mehrheitlich unterproportionaler Distributionsdichte die Spuren des zurückliegenden oder noch anhaltenden Strukturwandels. Die heute vorliegenden Strukturen sind in direktem Zusammenhang mit der gegebenen Wettbewerbssituation mit dem Lebensmittelhandel zu sehen, die im Zeitablauf sowohl zu einer anzahlmäßigen Schrumpfung der Einkaufsstätten als auch zu einem einzelbetrieblichen Wachstum geführt hat. Eine nahezu identische Situation ist in Österreich, Luxemburg und Deutschland anzutreffen. Mit durchschnittlich 7,7 bzw. 7,8 Beschäftigten je Betrieb und Jahresumsätzen von umgerechnet 1,2 bis 1,4 Mio. DM im Durchschnitt, wie auch Anteilen von 50 bis 60 % am jeweiligen nationalen Gesamtmarktvolumen, ist die Struktur des Fleischerhandwerks in diesen Ländern absolut vergleichbar. Dazu tragen nicht zuletzt homogene Konsumgewohnheiten, ähnlich hohe Verbrauchsausgaben für Nahrungsmittel und vergleichbare Verzehrsmengen an Fleisch und Fleischerzeugnissen bei.

Die höchste durchschnittliche Umsatzleistung in Europa erzielen fleischerhandwerkliche Betriebe in der Schweiz mit umgerechnet knapp 2 Mio. DM im Jahr, trotz einer etwas geringeren durchschnittlichen Beschäftigtenzahl als in Deutschland, Luxemburg oder Österreich. Ursachen sind das im Vergleich höhere Wohlstandsniveau, höhere durchschnittliche Verbrauchsausgaben und das höhere Niveau der Ladenverkaufspreise vor dem Hintergrund vergleichbarer Nachfragestrukturen.

Der Vergleich der Strukturdaten des europäischen Fleischerhandwerks zeigt ein breites Spektrum nationaler Spezifika hinsichtlich der Distributionsgrade der Umsatzleistung und der Beschäftigtenzahl. Im Ergebnis lassen sich drei Ländergruppen mit jeweils ähnlichen Betriebsstrukturen erkennen. Sie sind Spiegelbild des in Europa vorherrschenden Wohlstandsgefälles, traditioneller Nachfragestrukturen und nicht zuletzt der unterschiedlichen Marktpositionen des Fleischerhandwerks zu den Fleisch- und Fleischwarenanbietern des dortigen Lebensmitteleinzelhandels.

In Europa gibt es derzeit noch rund 440 000 Lebensmittel-Einzelhandelsgeschäfte. Mit dem Fortschreiten der Hyper- und Supermärkte großer Handelsketten ist, insbesondere im mitteleuropäischen Raum, die Zahl der Lebensmittel-Einzelhandelsgeschäfte aber auch der fleischerhandwerklichen Betriebe im zurückliegenden Zeitraum stetig zurückgegangen. In Südeuropa ist von dieser Entwicklung bislang noch deutlich weniger zu verspüren, wie die hohe Anzahl und Distributionsdichte der Einzelhandelsverkaufsstellen und der Betriebe des Fleischerhandwerks in diesen Ländern belegen. Dort nimmt das kleine Geschäft als Kommunikationszentrum des Ortes traditionell auch heute noch eine besondere Funktion wahr, obgleich auch hier infolge der europäischen Aktivitäten großer Handelsketten mittel- und langfristig mit Strukturveränderungen zu rechnen ist.

Fleischverbrauch

Die Nachfragestrukturen nach Fleisch und Fleischwaren in den einzelnen europäischen Staaten sind landsmannschaftlich eher konservativ geprägt und zeigen erkennbare Unterschiede. Im Durchschnitt der EG wurden 1991 pro Kopf der Bevölkerung 93,3 kg Fleisch aller Arten, ausgedrückt in Schlachtgewicht und einschließlich der Anschnittfette, verbraucht (Tab. 2).

Das Spektrum reicht von 73,7 kg in Großbritannien bis hin zu 112,5 kg in Frankreich. Hinsichtlich der Anteile einzelner Fleischsorten sind in den einzelnen Mitgliedstaaten deutliche Abweichungen zu erkennen. Übergreifend zeigt der Fleischverbrauch in der 12er Gemeinschaft im letzten halben Jahrzehnt Stagnationstendenzen. Die Gesamtsituation wird im einzelnen geprägt von tendenziellen Mengenzuwächsen in Spanien, Portugal, Frankreich und Irland, eher gleichbleibenden Verbrauchsentwicklungen in Belgien, Luxemburg, Italien und den Niederlanden sowie von Rückgängen in Griechenland, Großbritannien und Deutschland.

Tab. 2: Der Fleischverbrauch im europäischen Vergleich (kg pro Kopf der Bevölkerung)

	Insgesamt	Rindfleisch u. Kalbfleisch	Schweinefleisch	Schaf- und Ziegenfleisch	Geflügel
Deutschland	97,2	21,1	55,9	0,9	12,2
Frankreich	112,5	30,1	37,3	5,5	22,1
Italien	87,4	26,0	31,8	1,8	19,2
Niederlande	87,3	19,6	44,1	1,1	17,7
Belgien/Luxemburg	100,7	20,2	48,0	2,1	16,6
Großbritannien	73,7	18,8	24,1	7,5	19,2
Irland	99,3	17,0	36,9	9,1	22,5
Dänemark	105,1	19,4	64,8	1,0	12,5
Griechenland	78,7	20,9	21,3	14,0	16,6
Spanien	100,3	12,7	48,9	6,5	22,7
Portugal	80,9	16,8	32,6	3,8	22,0
EG - 12	93,3	21,8	40,2	4,2	18,2

Quelle: Zentrale Markt- und Preisberichtsstelle für Erzeugnisse der Land-, Forst- und Ernährungswissenschaft (ZMP) GmbH, Köln

Der mit Abstand höchste Fleischverbrauch wurde 1991 in Frankreich registriert. Im Vergleich zu Deutschland werden dort zwar rund 19 kg weniger Schweinefleisch nachgefragt, dafür aber 9 kg mehr Rind- und Kalbfleisch und rund 10 kg mehr Geflügel. Auch die Verbrauchsmengen an Schaffleisch, Innereien und sonstigem Fleisch, wie Kaninchen oder Wild, liegen in Frankreich deutlich höher. Damit ist in Frankreich insgesamt eine wesentlich ausgeglichenere Verbrauchsstruktur anzutreffen als in Deutschland, Dänemark, Spanien oder Belgien, wo Schweinefleisch den Verbrauch ganz klar dominiert.

Die höchste Verbrauchsmenge an Schweinefleisch wurde zuletzt mit 64,8 kg für Dänemark ermittelt. Die insgesamt pro Kopf verzehrte Fleischmenge erreichte dort mit 105,1 kg den zweitgrößten Umfang im europäischen Vergleich. An dritter Stelle, nach der Höhe des Verbrauchs, liegen Belgien und Luxemburg mit 100,7 kg, gefolgt von Spanien mit 100,3 kg.

Die spanische Verbrauchsstruktur zeichnet sich durch den geringsten Rind- und Kalbfleischverbrauch (12,7 kg), jedoch die höchste Pro-Kopf-Verbrauchsmenge an Geflügel (22,7 kg) in Europa aus.

In Dänemark und Deutschland ist Geflügelfleisch, im Vergleich zu den übrigen EG-Staaten, deutlich unterrepräsentiert. Der Pro-Kopf Verbrauch an Geflügel ist in diesen beiden Ländern rund 6 kg niedriger als im Durchschnitt der 12er-Gemeinschaft.

Den fünften Platz in der Rangfolge nach der Höhe des Fleischverbrauchs nimmt Irland mit durchschnittlich 99,3 kg ein, danach folgt Deutschland mit zuletzt 97,2 kg. Der geringste Fleischverbrauch pro Kopf der Bevölkerung wird in Griechenland mit 78,7 kg und Großbritannien mit 73,7 kg getätigt.

Im Zeitablauf betrachtet bedeutet der europäische Durchschnittswert von 93,3 kg Fleisch im Jahr 1991, 400 g weniger als in 1990, allerdings noch 300 g mehr als 1989. Im Ergebnis läßt sich in den einzelnen europäischen Staaten ein enger Zusammenhang zwischen der nationalen traditionellen Verbrauchsstruktur und der jeweiligen Struktur der landwirtschaftlichen Fleischerzeugung erkennen.

Produktvielfalt

Bei Fleischerzeugnissen sind es vor allem Konventionen, wesentlich geprägt auch durch die klimatischen Umstände, die Produktion und Konsum bestimmen. In Südeuropa dominieren Schinken und zumeist luftgereifte Rohwürste die Struktur des Angebots. In Italien beispielsweise konzentriert sich über die Hälfte des Fleischerzeugnismarktes auf Schinken, wobei die Gruppe der gekochten Schinken den Anteil der Rohschinken sogar noch leicht übertrifft. Mortadella ist mit einem Anteil von gut 10 % unter den italienischen Erzeugnissen vertreten, der Wurstwarenmarkt wird jedoch eindeutig von der breiten Palette an Rohwürsten bestimmt.

Nach Mitteleuropa hin wird die Angebotspalette an Fleischerzeugnissen breiter, insbesondere in den Bereichen Kochwurst, Pasteten, Braten, Aspikwaren und Sülzen und in Deutschland vor allem um ein umfangreiches Angebot an Brühwürsten, die zusammen mit den Würstchen allein fast 40 % des nationalen Fleischerzeugnisverzehrs beherrschen.
Europaweit ist damit eine beachtliche Vielfalt an traditionellen Fleischerzeugnissen anzutreffen, die insgesamt mehr als 2 000 verschiedene Wurst- und Schinkensorten nationaler und regionaler Prägung umfaßt.

Schon heute kaufen Verbraucher die Erzeugnisse und Produkte aus anderen europäischen Mitgliedstaaten. Bündner Fleisch, italienische Mortadella, Serrano oder Parmaschinken, französische Salami oder Schwarzwälder Schinken sind in den Regalen der europäischen Fleischer-Fachgeschäfte und des Lebensmittel-Einzelhandels kein ungewohntes Bild mehr. Die Beseitigung der letzten noch bestehenden Beschränkungen im Warenverkehr wird zweifellos einen weiteren Innovationsschub auslösen. Das Angebot, die Vielfalt und die Auswahl europäischer Fleischerzeugnisse und Wurstwaren wird damit zunehmen und noch interessanter werden. Für das Fleischerhandwerk ist dies jedoch nicht als eine prinzipielle, sondern vielmehr als eine weitere graduelle Veränderung seiner wirtschaftlichen Rahmenbedingungen zu verstehen. Vor dem Hintergrund des europaweit eher beharrenden konservativen Konsumverhaltens ist, trotz des internationalen Warenaustausches, eher davon auszugehen, daß die Produkte aus heimischer Erzeugung auch weiterhin die nationalen Märkte beherrschen werden.

Unter den gegebenen Umständen wäre der 1.1.1993 für die Fleischbranche und auch das Fleischerhandwerk kein außergewöhnlicher Stichtag oder Datum, das mit Sorge gesehen werden müßte. Auch unter Wettbewerbsgesichtspunkten bleibt festzuhalten, daß Großunternehmen der Fleischwirtschaft und des Lebensmittelhandels bereits heute auf allen Märkten des europäischen Wirtschaftsraumes durch eigene Produktionsstätten oder Vertriebsorganisationen vertreten sind.

Handwerk mit den in seiner Vielfalt beschriebenen Strukturen wird auch im EG-Binnenmarkt seinen festen Platz haben. Von entscheidender Bedeutung ist aber, daß die EG-Kommission sich nicht einseitig an den Belangen der Großunternehmen orientiert, sondern gleichermaßen auch den Interessen der gewachsenen mittelständischen Strukturen Rechnung trägt. Gerade im Bereich des Lebensmittelrechts hat sich gezeigt, daß durch administrative Auflagen das wirtschaftiche Betätigungsfeld von Handerksbetrieben massiv eingeschränkt zu werden droht.

Vermarktungsbeschränkung

Das Fleischhygienerecht der EG - verankert in der Frischfleisch und Fleischerzeugnis-Richtlinie vom 29. 7. 1991 bzw. 2. 3. 1992 - unterscheidet zwischen Betrieben mit geringer und solchen mit größerer Kapazität, und zwar sowohl bei Schlacht- als auch bei Zerlegebetrieben. Schlachtbetriebe, die jährlich nicht mehr als 600 Großvieheinheiten (GVE) oder wöchentlich 12 GVE schlachten, gelten als Betriebe mit geringer Kapazität. Bei Zerlegebetrieben liegt die Grenze bei höchstens 3 Tonnen wöchentlich. Ist der Umsatz größer, gelten sie als Betriebe mit größerer Kapazität. Der Handel mit Fleisch aus Betrieben mit geringerer Kapazität wird mit den Richtlinien wesentlich eingeschränkt.

Das Fleisch aus diesen Betrieben darf nur noch auf dem lokalen Markt zum Direktverkauf an den Einzelhandel oder den Verbraucher abgegeben werden. Die Abgabe solchen Fleisches in vorverpackter Form ist, ebenfalls nach der Frischfleisch-Richtlinie, nicht mehr zugelassen. Außerdem darf dieses Fleisch nicht an Zerlegebetriebe mit größerer Kapazität, an den Großhandel oder an Kühl- und Gefrierhäuser abgegeben werden. Die gleichen Beschränkungen der Vertriebswege gelten für Fleischerzeugnisse. Schlacht- und Zerlegebetriebe mit geringerer Kapazität dürfen ihre selbst hergestellten Proukte nur noch auf dem lokalen Markt an den Einzelhändler oder an den Endverbraucher vermarkten; dabei ist nicht einmal genau definiert, was unter "lokalem Markt" zu verstehen ist.

Dies ist geradezu unverständlich unter dem Gesichtspunkt, daß mit Vollendung des Europäischen Binnenmarktes europaweit alle Handelshemmnisse unter den Mitgliedstaaten beseitigt werden oder beseitigt werden sollen. Die beiden EG-Richtlinien für frisches Fleisch und Fleischerzeugnisse schaffen hingegen zu Lasten von kleineren Betrieben neue Beschränkungen, die sie in ihrer Arbeitsweise und Vermarktung erheblich beeinträchtigen und teilweise sogar ihre Existenz bedrohen.

Die aufgezeigten Verkehrsbeschränkungen für kleine und mittlere Betriebe des fleischverarbeitenden Gewerbes verstoßen damit gegen die Grundsätze des freien Warenverkehrs und die Rechtsprechung zum Lebensmittelrecht des Europäischen Gerichtshofes.

Die Einschränkung der Vermarktung von Frischfleisch aus Betrieben geringer Kapazität, zu denen mit Abstand die meisten fleischerhandwerklichen Betriebe in ganz Europa zählen, auf den lokalen Markt, ist auch unter hygienischen Gesichtspunkten nicht zu rechtfertigen oder zu begründen. Ortsnah erschlachtetes Fleisch ist - das wissen alle Fachleute - hygienisch weniger anfällig und verfügt über eine mikrobiologisch wesentlich höhere Stabilität als Fleisch, das an unterschiedlichen Produktionsstätten, die teilweise Hunderte von Kilometern auseinanderliegen, in einem arbeitsteiligen System erschlachtet, transportiert, verarbeitet, distribuiert und an den Endverbraucher verkauft wird.

Betriebe kleiner Kapazität zeichnen sich gerade dadurch aus, daß das Schlachten, Zerlegen, das Herstellen und der Verkauf von Fleisch und Fleischerzeugnissen unter einem Dach und unter der persönlichen Verantwortung des Betriebsinhabers erfolgen.

Da dieses Fleisch ohne jede Ausnahme mit den Hygiene- und Gesundheitsüberwachungsvorschriften der Frischtleisch-Richtlinie übereinstimmen muß, also hygienisch gleichwertig, wenn nicht sogar höher anzusiedeln ist, gibt es keinen hygienischen und rechtlichen Grund für die diskriminierende Verkehrsbeschränkung auf dem lokalen Markt und ohne Vorverpackung. Auch Betriebe mit geringer Kapazität müssen im Europäischen Binnenmarkt ihr Fleisch verkaufen können. Aus den gleichen Gründen sind auch die Verkehrsbeschränkungen für Fleischerzeugnisse, die ausschließlich oder teilweise aus Fleisch von Betrieben geringer Kapazität hergestellt worden sind, nicht gerechtfertigt. Diese Beschränkungen sind diskriminierend, willkürlich und damit rechtswidrig.

Fleischerzeugnisse, die in Betrieben von geringer Kapazität hergestellt werden, sind hygienisch in keiner Weise zu beanstanden und müssen daher ohne Einschränkungen auch künftig in das Hoheitsgebiet eines anderen Mitgliedstaates befördert werden können. Eine Beschränkung des Inverkehrbringens solcher Erzeugnisse auf die lokale Ebene ist weder durch wissenschaftlich anerkannte noch sonstige Gründe zu rechtfertigen. Gleichermaßen willkürlich ist die Einführung von Großvieheinheiten als Abgrenzungskriterium zwischen Betrieben geringer und größerer Kapazität.

Da in kleineren Betrieben die hygienischen Risiken und Gefahren insgesamt niedriger sind, sind für kleinere und mittlere Fleischereibetriebe, die in persönlicher Verantwortung geführt werden, auch andere hygienisch begründbare Zulassungsbedingungen angebracht. Es muß vermieden werden, daß unter dem Stichwort "Hygiene" Markt und Verdrängungspolitik zu Lasten der kleinen und mittleren fleischverarbeitenden Betriebe betrieben wird.

Im Ergebnis sind die genannten Vermarktungsbeschränkungen aus Gründen des Gesundheitsschutzes nicht erforderlich, sie sind willkürlich und hygienisch nicht begründbar. Da sie außerdem Strukturveränderungen zu Lasten der mittelständischen fleischverarbeitenden Betriebe bewirken und teilweise einschneidende nicht zu vertretende wirtschaftliche Beeinträchtigungen zur Folge haben, müssen sowohl die Frischfleisch- als auch die Fleischerzeugnis-Richtlinie möglichst bald novelliert werden. In diesem Zusammenhang ist auf das im Maastrichter Vertrag verankerte "Subsidiaritätsprinzip" hinzuweisen, das bei der Anwendung von EG-Richtlinien zu berücksichtigen ist.

Die nationalen fleischhygienerechtlichen Vorschriften in der Gemeinschaft berücksichtigen bereits heute die für die Gesundheit der Verbraucher erforderlichen Hygienemaßnahmen. Sie reichen völlig aus, um den Erfordernissen eines angemessenen Gesundheits- und Verbraucherschutzes in Europa Rechnung zu tragen.

Der erreichte hohe Grad an arbeitsteiliger Wirtschaftsweise auf allen Stufen der Erzeugung, Produktion und Vermarktung und damit verbunden die zunehmende Unkontrollierbarkeit und Entfremdung der Arbeitsabläufe stoßen im Bewußtsein der Verbraucher zunehmend auf Skepsis und an die Grenzen der Akzeptanz.

Die Fleischer-Fachgeschäfte Europas, die Rohstoffe aus ihrem Umfeld beziehen und ihre Produkte im lokalen Umfeld vermarkten, schaffen größere Identifikation beim Verbraucher mit ihren selbst hergestellten Erzeugnissen. Das ist die größte Chance der mittelständischen Fleischereien in allen europäischen Mitgliedsstaaten. Doch handwerkliche Produkte sind auch das Ergebnis gewachsener Kulturen und lassen sich dementsprechend nicht auf Staatsgrenzen einengen. Es entspricht mit Sicherheit nicht dem europäischen Geist, handwerkliche Spezialitäten aus welchem Mitgliedstaat auch immer dem Europa-Bürger vorzuenthalten.

Verwendete Quellen:
Internationaler Metzgermeister-Verband (IMV), Brüssel.
CSO Central Statistics Office /MILC/AGB, Großbritannien.
Griechische Industrie und Handelskammer, Athen.
Informationsbüro der Niederländischen Fleischwirtschaft, Rijswijk.
Irische Vieh- und Fleischzentrale, Düsseldorf.
STATEC Service Central de la Statistique et des Etudes Economiques, Luxemburg.
Statistisches Bundesamt, Wiesbaden.

Andreas Meyer*

Handwerksmärkte in
Rußland und Polen

* *Hochschuling. Andreas Meyer ist Unternehmensberater bei der Handwerkskammer Potsdam*

1. Einleitende Bemerkungen

Nicht erst seit dem 1. Januar 1993, dem Tag der Einführung des Europäischen Binnenmarktes, stehen für das Handwerk neue Aufgaben in Hinsicht auf außenwirtschaftliche Tätigkeiten auf der Tagesordnung, denn Fragen des Exportes sind für einige Handwerksbetriebe nicht unbedingt neu. So geht die Handwerkskammer Potsdam gegenwärtig davon aus, daß ca. 250 - 300 von 11 000 Mitgliedsbetrieben für eine Exporttätigkeit in Frage kommen.

Im letzten Jahr wurden diese knapp 3 % der Mitgliedsbetriebe zu Fragen einer außenwirtschaftlichen Tätigkeit gezielt angesprochen. Daraufhin entwickelten sich eine ganze Reihe von Kontakten. Heute werden im Rahmen der Beratungstätigkeit ca. 50 Betriebe als Stammkunden durch einen Betriebsberater der Kammer betreut. Von Beginn dieser Arbeit an konnte die Kammer Potsdam dabei auf die bewährte Hilfe und Unterstützung der EG-Beratungsstelle des Zentralverbands des Deutschen Handwerks und des Euro-Info-Centre Magdeburg, des Euro-Info-Centre der Brandenburgischen Außenhandelsagentur GmbH und der IHK Potsdamm zurückgreifen.

Aufgrund der geschichtlichen und territorialen Entwicklung in den neuen Bundesländern spielen EG-Fragen noch nicht die entscheidende Rolle. Dagegen ist der osteuropäische Raum ein alltägliches und bekanntes Terrain. Vor diesem Hintergrund hat sich die Handwerkskammer Potsdam auf den europäischen Einigungsprozeß gut vorbereitet, aber das Hauptaugenmerk auf das Ostgeschäft ausgerichtet.

Für die Arbeit der Exportberatungsstelle wurden zu Beginn ihrer Tätigkeit folgende Schwerpunkte formuliert:

- Organisation einer engeren Zusammenarbeit mit der Exportberatungsstelle des ZDH und regionaler Einrichtungen der EG in Brandenburg,
- Informationen zu Fördermitteln der EG,

- Informationen über die Umsatzsteuer-Identifikationsnummer ab 1.1.93,
- Fragen der Normung und neue Anforderungen der EG,
- Beratung zur Herstellung von Exportkontakten mit russischen Firmen,
- Informationen zum Aufbau von Wirtschaftskontakten mit Rußland,
- allgemeine Fragen des Rußlandhandels (Zoll, Valutatransfer usw.),
- Vorbereitung und Durchführung von Geschäftsreisen nach Rußland zur Anbahnung von Exportgeschäften,
- Beratung interessierter Unternehmen zur Finanzierung von Auslandsgeschäften (Hermes, KfW-Kredite usw.),
- Sondierung der Möglichkeiten, ein Kontaktbüro der Handwerkskammer Potsdam für Rußland aufzubauen und die praktische Realisierung,
- Organisation und Klärung der Bedingungen für Barter-Geschäfte,
- Zusammenarbeit mit der Handwerkskammer in Opole/Polen.

2. Wirtschaftsstandort Rußland - Chancen und Risiken

Bei ihren Aktivitäten in Rußland legt die Handwerkskammer Potsdam großen Wert darauf, daß auf folgende Aspekte besonders geachtet wird:

- Keine Einmischung in die inneren Prozesse oder Aufdrängung deutscher Wertvorstellungen,
- den ausgeprägten Nationalstolz der Russen,

- keine Gleichsetzung Rußlands mit der ehemaligen UdSSR (alle Ausführungen gelten daher nur für das Territorium der russischen Förderation).
- Sicherheitsfragen im Rußlandgeschäft:
  * Politische Stabilität,
  * persönliche Sicherheit,
  * Verläßlichkeit von Verhandlungspartnern,
  * Zahlungsverkehr Rubel-DM,
  * Grunderwerb in Rußland.

2.1 Zur allgemeinen politischen Situation

Wichtig für die gegenwärtige Situation in Rußland ist die Feststellung, daß es dort bislang keine Wende nach DDR-Muster gegeben hat und es sie auch nicht geben wird. Hierfür spricht zum einen, daß auch der Reformer Jelzin seine gesamte Karriere der Partei zu verdanken hat. Sicher ist er Hoffnungsträger des Westens, aber ist er auch Hoffnungsträger des eigenen Volkes?

Zum anderen wird die Situation in Rußland durch zwei Bemerkungen, die ich bei einer der letzten Rußlandreisen gehört habe, meiner Ansicht nach treffend charakterisiert. Die eine, geäußert in der IHK Rußlands, lautete: "Wir haben den Parteiapparat aufgelöst, es ist aber keiner arbeitslos geworden." Man muß davon ausgehen, daß allein im Parteikommitee von Moskau ca. 2.000 Menschen arbeiteten, das Zentralkommitee einen Mitarbeiterstab von mehreren tausend Menschen hatte, in Moskau die Parteihochschule des ZK der KPdSU einer der größten städtischen Arbeitgeber war, die sog. Massenorganisationen, wie Jugendorganisation und Gewerkschaften, hier ihren Sitz hatten usw. Diese Aufzählung ließe sich beinahe beliebig fortsetzen. Wo sitzen diese Leute heute und welche Politik betreiben sie? Die Straße fegen sie bestimmt nicht, und irgendwelche Ressentiments gegen eine Beschäftigung in öffentlichen Ämtern gibt es nicht. Für

eine Beschäftigung in öffentlichen Ämtern gibt es nicht. Für einen öffentlichen Arbeitsplatz ist eine solide Ausbildung im Parteiapparat nach wie vor die beste Empfehlung.

Die zweite Bemerkung stammt von einem Moskauer Taxifahrer. Gefragt nach dem Befinden der "Hausherren" der Lubljanka dem Hauptquartier des KGB antwortete er, der einzige Unterschied zu früher sei der, daß die von "ganz oben" jetzt in ihrem eigenen Knast "ganz unten" säßen. Ansonsten sei alles beim alten geblieben, kein Abteilungsleiter wurde ausgetauscht und der Apparat funktioniere wie eh und je.

Zwar stimmt es, daß jetzt jeder Russe einen Paß beantragen darf. Nicht mitgeteilt wird aber, daß jeder, der in den Westen reisen will, nach wie vor ca. 1 Monat vom KGB durchleuchtet wird. Diese Auskunft wurde uns in Moskau auf die Frage nach den Ursachen für die lange Bearbeitungszeit bei Auslandsreisen erteilt.

Vor diesem Hintergrund stellt sich die Frage, wie es nun weitergehen kann. Bei der letzten Reise nach Rußland im Frühjahr d.J. kristallisierte sich die Meinung heraus, daß Jelzin für die allgemeine Entwicklung und für den Fortbestand der russischen Nation das "geringere Übel" ist. Denn Chasbulatov und Co. werden weitgehend abgelehnt, da ein 70jähriges Sozialismus-Experiment ausreiche und man keine Wiederholung dessen wünsche. Die Liebe zu Jelzin hält sich jedoch in Grenzen. "Ob wir Boris in einem Jahr auch noch brauchen, das wissen wir heute noch nicht", so die vieldeutige Aussage eines Insiders.

An dieser Stelle wollen wir jedoch nicht weiter auf die große Politik eingehen, sondern zu den uns interessierenden Fragen kommen. Wichtig ist, daß die Russen ihre Geschicke in die eigene Hand nehmen müssen. Dabei dürfte der bevorzugte Aufbau mittelständischer Strukturen hilfreich sein. Hierfür ist jedoch eine vollkommen neue Denkweise erforderlich. Bei den Gesprächen, besonders in der neu geschaffenen IHK Rußlands in Moskau, erläuterten die Russen die landesweit verzweifelten Bemühungen, marktwirtschaftliche Strukturen einzuführen. Dabei sollen vor allem große Industriekomplexe erhalten werden. Darüber, was herzustellen ist und wer das Produzierte womit bezahlen soll, macht man sich jedoch keine Gedanken. Das seit 70 Jahren eingeschliffene Denken in Superdimensionen und Staatsdirigismus bis ins kleinste Detail besteht immer noch. Nach wie vor sitzen bei Wirtschaftsgesprächen in Rußland die Direktoren nach der Anzahl der bei ihnen Beschäftigten am Tisch. Mächtig ist, wer viele Arbeiter beschäftigt. Über Begriffe, wie Produktivität und Rentabilität, hat man sich noch nicht den Kopf zerbrochen.

Der alles entscheidende Erfolg handwerkspolitischer Bemühungen wäre es, wenn die Überzeugung verbreitet würde, daß mittelständische Strukturen der Motor jeglichen wirtschaftlichen Neubeginns sind. Immer noch besteht eine weitgehende Unkenntnis über den Wirtschaftsfaktor Handwerk. Dies wurde deutlich, als verantwortliche Mitarbeiter der z.Zt. 150.000 Mitgliedsbetriebe umfassenden IHK Rußlands fragten, was denn eigentlich Handwerk sei und warum der Westen an dieser überholten Wirtschaftsform festhalte. Aus dieser Unkenntnis wird sehr schnell eine Ablehnung. Wenn es den Deutschen nicht gelingt, eine Änderung dieser Sichtweise herbeizuführen, wird das Handwerk eben kein Faktor eines wirtschaftlichen Neubeginns, sondern nur ein gelittenes Anhängsel.

Umso größer war das Erfolgserlebnis, das wir hatten, als die Handwerkskammer Potsdam eine 14tägige Schulung für russische Manager durchführte. Als die Russen mit dem Handwerk in engen Kontakt kamen, die Handwerkskammer besichtigten und in modernsten Unternehmen weilten, begriffen sie sofort, daß hier nicht der Nostalgie gehuldigt wird, sondern daß Handwerksbetriebe auf technologisch hohem Stand sein können.

Im März dieses Jahres weilte der Oberbürgermeister von Kostroma dies ist eine Stadt mit ca. 300.000 Einwohnern, die 320 km nördlich von Moskau an der Wolga liegt als Gast der Handwerkskammer Potsdam in Deutschland. Am Ende seines Besuches stand für ihn fest, daß man auch in Kostroma eine Handwerkskammer brauche, weil hier ein entscheidender Hebel liegt, wirtschaftliche Probleme Schritt für Schritt in den Griff zu bekommen. Nach seiner Rückkehr ließ er sofort Taten folgen. Seit dem 1. April sind die ersten beiden Mitarbeiter einer Handwerkskammer für die Stadt Kostroma eingestellt, und für den Sommer ist eine Delegation der Potsdamer Kammer eingeladen, um Hilfe vor Ort beim Aufbau der Kammerorganisation zu leisten.

An dieser Stelle sollen einige Bemerkungen zur Situation in den russischen Provinzen folgen. Mit dem Zusammenbrechen des Dirigismus kommt es zu starken autonomen Bestrebungen. So ist man in Kostroma der Meinung, daß man 70 Jahre lang alles, was man produzierte, nach Moskau liefern und um alles, was man von dort erhalten sollte, betteln mußte. Nun will man die Geschicke in die eigenen Hände nehmen und selbst festlegen, was Moskau bekommt. Dies ist im wesentlichen aber nichts. Ob durch ein derartiges übertriebenes Autonomiedenken die Probleme gelöst werden können, darf zumindest bezweifelt werden.

2.2 Erfahrungen der Handwerkskammer Potsdam in Kostroma

Die Kammer Potsdam hat bei Ihrem Vorgehen die Tatsache der Machtkonzentration in den Provinzzentren genutzt. So herrschen in Moskau Unordnung, Chaos und die Mafia. Jeder kämpft gegen jeden, und keiner denkt über die eigene Nasenspitze hinaus.

In der Provinz dagegen ist die Zeit fast stehengeblieben. Die Menschen gehen ihrer Arbeit nach, die Straßen sind in Ordnung, es gibt keine Bettler, und die Polizei sieht nach dem Rechten. Das wird sicher auch absehbar so bleiben, denn die Stadtobrigen müssen nun erstmalig vor ihren Wählern vertreten, was sie im Verlauf der Legislaturperiode vollbracht haben. Sie können nicht mehr alles auf die Zentrale in Moskau schieben.

Die Machtkonzentration eines Bürgermeisters ist heute enorm. Im Krisenfall unterstehen ihm alle bewaffneten Kräfte, er übt die

Zoll- und Steuerhohheit aus und ist somit auch für ausländische Investoren der entscheidende Ansprechpartner. Damit sind Absprachen sehr direkt kontrollierbar, und man braucht sich nicht erst ins Dickicht der Bürokratie zu begeben.

Die Handwerkskammer Potsdam und die interessierten Mitgliedsbetriebe haben in der Zusammenarbeit mit der Stadtverwaltung Kostroma ausgezeichnete Erfahrungen gemacht. Die russischen Partner unterstützen uns sehr tatkräftig, wobei es vielfach einfacher ist, wenn die Russen einige Dinge intern klären. So ist es möglich, daß eine Firmengründung mit Eintragung einer GmbH ins Handelsregister, die Beschaffung eines Grundbuchauszugs, die Eröffnung eines Firmenkontos und alles sonstige innerhalb von 36 Stunden erledigt werden konnte.

Im folgenden wird auf die Aktivitäten der Handwerkskammer Potsdam im einzelnen eingegangen. 1992 erfolgten die Gründung des ersten deutsch-russischen Unternehmens, der Firma GEROSS, einem Bauunternehmen, und die Einrichtung eines Kontaktbüros der Handwerkskammer Potsdam für Rußland.

Im Jahr 1993 fanden bislang zwei Fahrten mit Potsdamer Handwerksunternehmen nach Rußland statt. Im März beteiligten sich zwölf Unternehmen, die aus den Bereichen Bau (2 Unternehmen), Sanitär-Heizung-Klima (3 Unternehmen), Elektro (2 Unternehmen), Raumausstatter, Mechaniker, Dachdecker (2 Unternehmen) und Metallbauer kamen. Als Fazit dieser Reise kann festgehalten werden, daß insgesamt fünf Protokolle einer ersten Gesellschafterversammlung zur Gründung von gemeinsamen Joint-Ventures unterzeichnet werden konnten. Diese haben folgende Profile:

- Sägewerk mit der Spezialisierung auf Fensterbau für den russischen Markt,

- Kauf einer Lehmgrube mit nachgeschalteter Ziegelei zur Aufnahme der Ziegelproduktion für Baubetriebe in Kostroma,

- Erwerb einer Anlage für die Herstellung von Dachziegeln aus Treuhandbesitz, Verlagerung nach Kostroma und Aufnahme der Produktion von Dachziegeln,

- Verlagerung eines Raumausstatterbetriebes nach Kostroma,

- Aufbau eines Installationsbetriebes für Wasser- und Energiemeßeinrichtungen.

Im April d.J. fand eine zweite Reise mit neun Handwerksunternehmen nach Kostroma statt. Diese kamen aus folgenden Gewerken bzw. boten folgendes an: technische Gebäudeausstattung, Errichtung einer Bäckerei mit Cafe, Bauunternehmen (2 Unternehmen), Elektromechaniker (2 Unternehmen), Kücheneinrichtungen aus Edelstahl, Getreideinstitut und Tourismus ("Merkisches Gildeshaus"). Als Ergebnis dieser Reise lassen sich Absichtserklärungen bzw. die Unterzeichnung von Protokollen der Gesellschafterversammlung von zu gründenden Joint-Ventures festhalten. Diese betreffen folgende Branchen:

- Küchenausrüstungen,

- Elektromontagearbeiten,

- Einrichtung eines gemeinsamen Backshops/Cafes.

Im günstigsten Falle werden damit im Laufe dieses Jahres 7 oder 8 gemeinsame Betriebe ihre Arbeit aufnehmen. Mit ziemlicher Sicherheit kann aber aufgrund der gegenwärtigen Aktenlage und der entsprechenden Gründungsdokumente mit folgenden gemeinsamen Betrieben gerechnet werden:

- Betrieb Fensterproduktion,

- Lehmgrube/Ziegelei,

- S-H-K-Unternehmen mit Handel,

- Sanitär-Montage.

Im Mai d.J. nahm eine Delegation der Handwerkskammer Potsdam an den offiziellen Feierlichkeiten des 380. Jahrestages der Inthronisierung der Romanow-Dynastie in Kostroma teil. Den Auftrag dieses Besuches bildeten Vorträge der verantwortlichen Mitarbeiter der Stadt- und Gebietsverwaltung zu Fragen, die für die Gründung gemeinsamer deutsch-russischer Unternehmen von Interesse sind. So referierte beispielsweise der Leiter der städtischen Zollverwaltung zu Fragen der Zollabfertigung. Das war natürlich für alle Teilnehmer hautnah, da, wie bereits erwähnt, die Stadt über die Zollhoheit verfügt und sogleich der persönliche Kontakt mit der zuständigen Behörde möglich war. Ein Vortrag der Leiterin der Abteilung "Registratur von Unternehmen" der Gebietsverwaltung (vergleichbar mit dem Handelsregister in Deutschland) enthielt wichtige Hinweise darüber, was zur unmittelbaren Registrierung einer gemeinsamen Unternehmung in Form einer GmbH notwendig ist. Sie sicherte schnelle und unbürokratische Hilfe bei der Abwicklung der erforderlichen Schritte zu.

Ebenfalls interessant waren die sich anschließenden Ausführungen der Direktorin der ersten Privatbank von Kostroma. Wenn auch die Darstellung der gegenwärtigen Situation im Kreditwesen die Teilnehmer sicherlich nicht zufriedenstellen konnte, da der aktuelle Zinssatz für Kredite bei ca. 85-95 % und für Einlagen bei ca. 80 % liegt, so gab es doch einige wichtige Informationen zum Zahlungsverkehr, zur Einrichtung und Führung von Firmenkonten und zum Valutatransfer zwischen russischen und deutschen Banken.

Weitere Ausführungen galten Steuerfragen. Da die Stadt ebenfalls die Steuerhoheit ausübt, konnten auch hierüber konkrete Hinweise gegeben werden. Interessant ist die Tatsache, daß die Stadt mit ihrem starken Interesse an ausländischen Investoren großzügige Steuervergünstigungen und auch Steuerbefreiungen für die jungen Joint-Venture-Unternehmen angekündigt hat. So sind die Steuerzahlungen in der Baubranche für die ersten zwei Jahre nach der Unternehmensgründung ausgesetzt.

Die entscheidende Frage für das Auslandsengagement der deutschen Betriebe ist das Finden eines passenden Partners. Eine erste Schwierigkeit stellten und dies zeigte sich bereits im Vorfeld der Verhandlungen die völlig verschiedenen Vorstellungen über das Handwerk und seine Berufsbilder dar. Für die russischen Partner stand immer die Produktion im Mittelpunkt und nicht die Montage bzw. der Service. So dachten die Russen beim Elektrohandwerk an die Produktion von Elektromaterialien und geräten und nicht, wie die deutschen Partner, in erster Linie an die Installation, Wartung und Reparatur. Das zeigte sich auch bei den Vertretern der Metallbranche, den Dachdeckern und den Sanitär-, Heizungs- und Klimaspezialisten.

Nachdem es gelungen war, passende Gewerke in Gruppen zusammenzufassen, bildeten sich am nächsten Tag bei Betriebsbesichtigungen gemeinsame Standpunkte und in den meisten Fällen auch ähnliche Interessenlagen der Betriebe heraus. Herausragender Erfolg der Reisen waren die bereits oben erwähnten schriftlichen Absichtserklärungen zu Betriebsgründungen, die zum größten Teil bereits am gleichen Tag mit der Niederschrift des "Protokolls der Versammlung der Gesellschafter der GmbH" dokumentiert wurden.

In der nächsten Zeit werden die deutschen Handwerker, wenn die russischen Partner die Vorbereitung der für eine GmbH-Gründung erforderlichen Dokumente abgeschlossen haben, wieder nach Kostroma reisen und die notarielle Bestätigung des Gesellschaftervertrages, der Satzung und der Einbringung der Stammeinlage sowie die Eröffnung der Firmenkonten und die Eintragung in das Handelsregister vollziehen. Dieses Tempo ist natürlich nur mit starker Unterstützung der Stadtverwaltung möglich; die Versprechen im Rahmen der Vorträge wurden also schon eingelöst.

Interessant ist, daß sich deutsche Handwerker auch gegenseitig als Nachauftragnehmer gewonnen haben. Das ist natürlich für alle Seiten lukrativer, da man vieles in Deutschland klären kann. Wichtig ist auch das Angebot eines Unternehmers aus Nordrhein-

Westfalen, der in Kostroma eine Textilfabrik mit einem Investitionsvolumen von ca. 20 Mio. DM errichten will. Sollten hier brandenburger Handwerker in Rußland im Rahmen der entsprechenden Ausschreibung mit berücksichtigt werden, wäre das natürlich ebenfalls ein interessantes Stück Ost-West-Geschichte. Zur Vorbereitung dieser Investition weilte im Juni eine Gruppe russischer Fachleute unter Betreuung der Potsdamer Repräsentanten des russischen Kontaktbüros in Krefeld.

Bei allen Investitionen in Rußland ist die Frage des Gewinntransfers von entscheidender Bedeutung. Hier setzt ein wichtiger Gesichtspunkt der Firmenphilosophie der Potsdamer Handwerker ein, die nicht die schnelle Mark auf dem russischen Markt machen wollen, sondern sich ein Standbein schaffen möchten, bis die großen Firmen, wie das bereits erwähnte Unternehmen aus Nordrhein-Westfalen, kommen.

In dem bereits bestehenden Joint-Venture werden in diesem Jahr sicher bereits Gewinne erwirtschaftet. Die Bauvorhaben gehen zügig voran, und die Termine werden eingehalten. Mit dem Gewinn sollen u.a. der Kauf weiterer Flächen, die Anschaffung neuer Technik und die Erweiterung der Produktionsanlagen finanziert werden. Somit hat sich die Frage nach einem Transfer in DM für die unmittelbare Zukunft erübrigt, da dies sicher illusorisch wäre.

Insgesamt lassen sich die bisherigen Reisen der Handwerkskammer Potsdam zur Anbahnung von Wirtschaftskontakten in Rußland als einen vollen Erfolg bezeichnen. Hier war ein Erleben vor Ort möglich, und es blieb nicht bei einer Ferndiagnose, wie es oft üblich ist. Die Tatsache, daß bereits jetzt eine Fahrt weiterer Handwerker der Handwerkskammer Potsdam nach Rußland für August fest eingeplant ist, scheint die Richtigkeit der Aktivitäten der Potsdamer Kammer zu bestätigen.

2.3 Hinweise zur Firmengründung in Rußland

An dieser Stelle sollen noch einige praktische Fragen zur Firmengründung in Rußland dargestellt werden. Entsprechende Musterdokumente hierzu können bei der Handwerkskammer Potsdam angefordert werden Die Kammer hat diese Schritte schon oft erprobt, und es kann versichert werden, daß es in der Region Kostroma keine weitergehenden bürokratischen Hemmnisse gibt.

Das Stammkapital beträgt in der Regel 500,- DM, so daß bei den üblichen Joint-Ventures mit jeweils 50 %-Anteilen 250,- DM auf den deutschen Partner entfallen. Bei der letzten Reise wurden keine Angaben mehr zu einem Limit des Stammkapitals gemacht. Die russische Seite bringt in der Regel Gebäude und Liegenschaften sowie Technik und Ausrüstung ein.

Für die Gründung eines Joint-Ventures sind folgende Dokumente zu erarbeiten:

1. Antrag an den Chef der Gebietsverwaltung von Kostroma über die Registrierung einer Firma mit ausländischer Beteiligung,

2. Gesellschaftervertrag, unterschrieben von den Gesellschaftern,

3. Satzung des Unternehmens,

4. Auszug aus dem Handelsregister der jeweiligen Region über die Registrierung des deutschen Partners in Deutschland,

5. Bankauskunft über die Zahlungsfähigkeit des deutschen Partners,

6. Nachweis (Fotokopie) über die Eintragung des deutschen Joint-Venture-Partners in die Handwerksrolle.

Gerade dieses letzte Dokument illustriert sehr eindrucksvoll, wie hoch der Stellenwert der Handwerkskammer von den russischen Partnern beurteilt wird.

Die Firmengründung findet in der Regel in zwei Etappen statt. Zuerst muß ein geeigneter Partner gefunden werden. Hier hilft uns die russische Seite (Partnerstadt Kostroma); auf deutscher Seite geschieht die Kontaktanbahnung generell über die Handwerkskammer. Im Rahmen eines ersten Besuches in Rußland lernt man seinen Partner kennen, und es erfolgt die Erörterung einer gemeinsamen Kooperation. Im Idealfall paßt alles zusammen, so daß zum Abschluß des ersten Arbeitsbesuches ein Protokoll der Gesellschafter über die Gründung einer gemeinsamen Firma unterzeichnet werden kann. Als Gesellschaftsform wurde bislang ausschließlich eine Joint-Venture-GmbH mit jeweils 50%iger Beteiligung des russischen und des deutschen Partners gewählt. Danach übernimmt der russische Partner die gesamte Registratur, die Ausarbeitung des Gesellschaftervertrages und der Satzung. Dafür sind ca. 4 Wochen erforderlich. Nach einem Monat findet dann ein zweiter Rußland-Besuch statt. In einer zweiten Gesellschafter-Versammlung werden die Satzung und der Gesellschaftervertrag entsprechend der Spezifik der Firma präzisiert (ein äußerst entscheidendes Moment) und die notariell beglaubigte Registratur der GmbH sowie die Eintragung der Stammeinlage vollzogen.

Nach Gründung des neuen Unternehmens sind üblicherweise jährlich ein oder zwei Besuche des deutschen Partners in Rußland erforderlich, wobei dieser auf jeden Fall an der jährlichen Gesellschafterversammlung zur Bestätigung der Bilanz und der Festlegung der Gewinnverwendung bzw. dem Ausgleich von Verlusten anwesend sein sollte.

Die entscheidende Bedingung für den Erfolg des Joint-Ventures ist es, einen Direktor sowie einen Hauptbuchhalter für das junge Unternehmen zu finden. Bei der Auswahl geeigneter und befähigter Personen für diese zwei Posten ist uns bislang die Stadtverwaltung als guter Kenner der Verhältnisse vor Ort stets behilflich gewesen. Nachdem der Direktor und der Hauptbuchhalter die Gründungsphase abgeschlossen haben, kann mit der Einstellung von Fachpersonal, natürlich bevorzugt aus der Region, begonnen werden.

Die Handwerkskammer begleitet auch die weiteren Schritte durch das Kontaktbüro vor Ort. Hierzu gehören Fragen der Unterstützung im Umgang mit den Behörden, wie auch Dolmetscherleistungen und Zollmodalitäten. Die beiden dort beschäftigten Personen haben sich schon umfassend mit Dokumenten ausgestattet, so daß vor allem im Zusammenwirken mit den örtlichen Behörden keine Frage unbeantwortet bleibt.

Bei diesen Ausführungen muß ausdrücklich darauf hingewiesen werden, daß aufgrund der politisch instabilen Lage in Ländern der sog. GUS diese Empfehlungen keinerlei verbindlichen Charakter haben und sich in keiner Weise auf die anderen Länder der sog. GUS beziehen.

2.4 Zusammenfassende Hinweise für Interessenten im Rußlandgeschäft

Handwerksunternehmen, die sich in Rußland engagieren wollen, sollten folgendes wissen:

- Grundsätzlich wird in Rußland gegenwärtig alles gebraucht. Zum guten Stil des deutschen Handwerkers sollte es jedoch gehören, keinen Schrott zu Superpreisen absetzen zu wollen. Jedoch können Ausrüstungen, die in Deutschland wegen ihrer DDR-Herkunft nicht mehr verwendet werden, aber noch technisch in Ordnung sind, zu günstigen Konditionen nach Rußland geschafft werden.

- Das Rußlandgeschäft beinhaltet sicher ein Risiko, der aufzuwendende Betrag hält sich jedoch in Grenzen.

- In Rußland läßt sich in den nächsten Jahren sicherlich kein schnelles Geld verdienen.

- Notwendig ist auch etwas Liebe gerade für dieses Land.

- Entscheidend ist ein vertrauenswürdiger Partner in Rußland.

- Eine grundlegende Strategie ist es, bei einer der nach wie vor mächtigsten Wirtschaftsregionen der Erde (die Russen haben das teilweise selbst vergessen) präsent zu sein.

- Für Unternehmen, die schon im Inland Probleme haben, ist der Schritt nach Rußland generell nicht zu empfehlen. Rußland ist kein Notanker, sondern ein Terrain für wirtschaftlich gesunde Unternehmen.

- Auf keinen Fall sollte der Handwerker selbst auf die Partnersuche gehen. Die Potsdamer Handwerkskammer will keinem Vorschriften machen, aber bittere Erfahrungen anderer beweisen, daß der Mittelständler aus Deutschland ohne einen Anlaufpunkt in Rußland der Willkür der sich kräftig entwickelnden Bürokratie, der Mafia oder ähnlicher obskurer Organisationen ausgeliefert ist.

Insgesamt dürfte der Schritt in Richtung Rußland richtig und zukunftsweisend sein, wenn er auch zugegebenermaßen sicher nicht alltäglich und einfach ist. Die Risiken sind jedoch scharf kalkuliert, und es kann davon ausgegangen werden, daß diese Aktivitäten eine echte Investition in die Zukunft darstellen.

3. Geschäftskontakte mit Polen

Die Handwerkskammer Potsdam hat in der Zusammenarbeit mit polnischen Handwerkern ebenfalls einige Erfahrungen. Seit Jahren gibt es eine traditionell gute Partnerbeziehung mit der Handwerkskammer in Opole (Oppeln), die im übrigen auch zur Handwerkskammer Aachen Kontakte pflegt. Im Jahr 1992 wurden mehrere gegenseitige Treffen durchgeführt.

Aus der Sicht der Handwerkskammer Potsdam ist die Zusammenarbeit mit Polen jedoch im Augenblick nicht so fruchtbringend wie die mit Rußland. Woran liegt das? In der Zusammenarbeit zwischen den Kammern gibt es zwar keine Probleme, aber die Ergiebigkeit und Effektivität läßt eben doch zu wünschen übrig. Das ist sicher zum einen auf die Tatsache zurückzuführen, daß die Aufgaben der Handwerkskammern in Polen und Deutschland unterschiedlich sind. Kann man sich in Deutschland auf die Pflichtmitgliedschaft der Handwerksbetriebe entsprechend der Handwerksordnung stützen, so ist das in Polen nicht der Fall. Dadurch können die Kammern in Polen auch andere Aufgaben übernehmen. So tritt die Handwerkskammer für ihre Betriebe beispielsweise als eine Art Generalauftragnehmer auf, d.h. sie übernimmt Aufträge und bindet für deren Realisierung ihre Mitgliedsbetriebe als Nachauftragnehmer ein. Ein solches Eingreifen in eine direkte wirtschaftliche Tätigkeit ist für deutsche Kammern aufgrund der Handwerksordnung nicht möglich. Somit stellt die Handwerkskammer Potsdam für die Kammer Opole nicht in jedem Fall einen äquivalenten Bezugspunkt dar.

An diese Gegegebenheiten hat man sich jedoch gewöhnt, und die Zusammenarbeit klappt auf anderen Gebieten recht gut. Während der letzten Aufenthalte von Vertretern der Handwerkskammer Potsdam in Opole im April und Mai dieses Jahres konnten mehrere Partner zusammengeführt werden, die sich mit der Verlagerung ehemaliger Handwerksbetriebsausrüstungen nach Polen befassen. Ein weiterer, völlig neuer Aspekt einer Zusammenarbeit ist der Antrag einiger polnischer Handwerksbetriebe, gemeinsam mit deutschen Betrieben oder auch selbständig mit Hilfe des Kontaktbüros der Handwerkskammer Potsdam für Rußland in Kostroma auf den russischen Markt zu kommen. Daher wird die Kammer Potsdam bei den nächsten Reisen nach Rußland auch zwei polnische Handwerksunternehmen mit Kooperationswünschen in Richtung Rußland betreuen.

3.1 Aktivitäten der Handwerkskammer Potsdam auf dem polnischen Markt

Folgende Möglichkeiten einer Tätigkeit Potsdamer Handwerksbetriebe auf dem polnischen Markt zeichnen sich ab. Erstens ist die gemeinsame Unterhaltung von Betrieben in Polen zu nennen. Ein Beispiel eines Potsdamer Bauunternehmers, der in Polen ein Joint-Venture-Unternehmen gegründet hat, zeigt, daß hier zwar gute Ansatzpunkte zu erkennen sind, das ganze Geschäft aber sehr problembehaftet ist. Die Arbeit des gemeinsamen Unternehmens ist so konzipiert, daß die Firma neben Aufträgen in Polen auch solche in Deutschland realisiert. Die Arbeitsdisziplin der Polen hier in Deutschland ist ohne Beanstandungen, und die polnischen Fachkräfte verfügen über einen hohen Ausbildungsgrad. Bei solchen Unternehmungen sind jedoch die strengen deutschen Gesetze bezüglich des Einsatzes von Ausländern zu beachten.

Die andere Seite der Zusammenarbeit, die Durchführung von Arbeiten in Polen, funktioniert nicht so gut. Hierfür sind ein mangelndes Können des Leitungspersonals, eine schlechte Arbeitsdisziplin und letztendlich auch ein schwaches unternehmerisches Engagement des polnischen Joint-Venture-Partners verantwortlich. Beim letzten Aufenthalt in Polen konnten sich Mitarbeiter der Kammer im Betrieb unmittelbar mit diesen Problemen vertraut machen und gemeinsam mit dem deutschen und dem polnischen Inhaber nach Möglichkeiten einer Verbesserung der Situation suchen. Es zeigte sich, daß auch in Polen kaum noch gute handwerkliche Fachkräfte vorhanden sind und die verbleibenden Arbeiter aufgrund der territorialen Nähe zu Deutschland ihren Wert erkannt haben und dementsprechende Forderungen stellen. So suchte man im vergangenen Jahr in Schlesien ohne Erfolg Stukkateure oder Pflasterer. Diese hatten sich schon lange in Richtung Westen abgesetzt. Daher ist aus Lohnaspekten eine Kooperation mit polnischen Handwerkern kaum noch interessant.

Als zweite Möglichkeit ist die Kontaktanbahnung zwischen den Kooperationspartnern zu nennen. Zu diesem Zweck fuhr der Betriebsberater für EG- und Exportangelegenheiten der Handwerkskammer Potsdam sowohl in diesem als auch im vorherigen Jahr mit einer Gruppe von Handwerkern nach Polen. Ähnlich wie in Rußland zeigte sich dabei die Schwierigkeit, daß die Vorstellungen über einzelne Handwerksberufe sehr unterschiedlich sind. So ist ein Fleischer in Polen auch als Bäcker tätig, und in der Imbißbude werden Schweine zerlegt. Die Dächer deckt, wer es sich zutraut, und Häuser werden von jedem gebaut, der einen Stein auf den anderen setzten kann. Ein Vorschlag unseres Landesinnungsmeisters der Dachdecker für einen Lehrlingsaustausch scheiterte daran, daß es im Kammerbezirk Opole nicht die vorgeschlagenen 15 Lehrlinge in dieser Branche gibt.

Eine dritte Möglichkeit stellt der bereits erwähnte Verkauf von Technik und Ausrüstung nach Polen dar. Der Strukturwandel im technischen Bereich führte dazu, daß viele Maschinen und Ausrüstungsgegenstände in ostdeutschen Handwerksunternehmen ersetzt wurden oder aufgrund strengerer Bestimmungen ersetzt werden mußten. Diese Technik, moralisch zwar verschlissen, aber technisch okay, ist in Polen gern gesehen und wird auch teilweise gut bezahlt. Die Kammer vermittelt gerade wieder Verkäufe von Fleischerei- und Bäckereiausrüstungen, wie auch von Werkzeug- und Plastverarbeitungsmaschinen, nach Polen und ist auch diesmal zuversichtlich, einen Käufer über die Handwerkskammer in Opole zu finden. Dabei sollte man sich jedoch von absurden Preisvorstellungen lösen. Auch die Polen kennen den Wert von Valutas und geben sie mit Bedacht und mit entsprechenden Ansprüchen aus. Daher hat es teilweise eher einen symbolischen Charakter, wenn man eine in teilweise Jahrzehnten gewonnene Handwerkstechnik nicht verschrottet, sondern diese im Nachbarland weiter einer guten Sache dient.

3.2 Unternehmensgründungen in Polen

Nach polnischem Recht werden folgenden Formen von Investitionen unterschieden:

- Ausländische Beteiligung an privaten polnischen Unternehmen,
- Joint-Ventures,
- Green fields (ohne polnische Beteiligung).

Grundlage für Privatisierungen ist das Gesetz vom 13.7.89. Für Unternehmensgründungen (AG oder GmbH) ist das Gesetz vom 14.6.90 bindend. Grundlage für dieses Gesetz ist das polnische

Handelsgesetz aus dem Jahre 1934. Hiernach bedarf die Tätigkeit ausländischer Rechtssubjekte keinerlei Genehmigung. Genehmigungspflichtig ist lediglich der Ankauf ehemals staatlicher Betriebe sowie Unternehmensgründungen in verschiedenen Branchen (z.B. Grundstücksverkehr). Lt. HGB beträgt die zu leistende Stammeinlage für eine GmbH 5.000,- DM und für eine AG 12.500,- DM. Nach polnischen Angaben ist der Gewinntransfer unbeschränkt. Eine eventuelle Firmenauflösung soll unproblematisch schnell zu vollziehen sein. Ausländischen Investoren werden sog. "Steuerferien" gewährt. Hier gibt es besondere Konditionen je nach Region. Entscheidend ist z.B. die Anzahl der geschaffenen Arbeitsplätze sowie ein überregionaler Absatz.

Für die Errichtung eines Unternehmens in Polen können folgende Schritte genannt werden:

1. Einholung der Genehmigung, falls erforderlich,

2. Abschluß des notariellen Gesellschaftsvertrages (Gebühr: 3 % vom Stammkapital),

3. Registrierung beim zuständigen Wirtschaftsgericht,

4. Einholung der Steuernummer,

5. Registrierung bei der Sozialversicherung,

6. Konzessionierung, falls erforderlich,

7. Einrichtung eines Bankkontos auf Zloty-Basis (Devisenkonten sind nur in Ausnahmefällen möglich, die Zloty-Einlagen sollen frei konvertierbar sein),

8. Anmeldung des Betriebes beim Finanzamt.

Verantwortlich hierfür ist das Ministerium für Eigentumsumwandlungen.

Resümierend zum Wirtschaftsstandort Polen schätzt die Handwerkskammer Potsdam heute ein, daß es zwar eine gute Zusammenarbeit mit der Partnerkammer in Opole gibt, und zahlreiche

Geschäftsaktivitäten Potsdamer Handwerker nach Polen betreut wurden, die Effektivität unter dem Strich aber noch zu wünschen übrig läßt. Ebenso ist die Feststellung zu treffen, daß in einem Bruchteil der Zeit in Rußland wesentlich mehr erreicht werden konnte.

4. Erfahrungen bei der Aus- und Weiterbildung von Fachkräften aus den ehemaligen Ostblockstaaten

Die Handwerkskammer Potsdam hat ein Projekt zur Aus- und Weiterbildung ausländischer Führungskräfte des mittleren Managements entwickelt. Das Projekt fußt auf der Erkenntnis, daß ähnlich der Entwicklung im Nachkriegsdeutschland ein funktionierender Mittelstand der Motor für die gesamtwirtschaftlichen Gesundungsprozesse ist. In den Ländern des Ostblocks herrscht ähnlich wie in der DDR der unmittelbaren Nachwendezeit die Auffassung vor, die volkswirtschaftlichen Großkomplexe (z.B. die großen Kombinate) so in privatwirtschaftliche Betriebe umzugestalten, daß die Mehrzahl der Beschäftigten im neuen Betrieb eine neue Arbeit findet. Daher war es in den ersten Gesprächen sowohl mit der IHK Rußlands in Moskau, wie auch mit Vertretern unserer Partnerstadt Kostroma ein wichtiges Ziel, vor Ort das Verständnis für die Rolle des Mittelstandes in einer funktionierenden Marktwirtschaft zu wecken. Dieses sollte vor allem durch eine Demonstration des Handwerkswesens vor Ort gezeigt werden.

Im September 1992 wurde ein Ausbildungsprojekt für mittleres Leitungspersonal über die "Stiftung für berufliche Qualifizierung wirtschaftliche Zusammenarbeit" beim Bundeswirtschafts- bzw. Bundesbildungsministerium eingereicht. Inzwischen wurde auch ein Partner gefunden.

Neben fachlicher Hilfe durch die "Ost-West-Wirtschaftsakademie" in Westberlin hat uns die Carl-Duisberg-Gesellschaft, Landesstelle Brandenburg ein Kooperationsprojekt angeboten. Durch die unbürokratische Hilfe des Ministeriums für Wirtschaft, Mittelstand und Technologie des Landes Brandenburg war es möglich, Anfang dieses Jahres ein Pilotprojekt durchzuführen. 15 russische Kommunalpolitiker, Baufachleute und Banker waren Gast der Kammer Potsdam. Durch die Kombination von Unterricht, Arbeit vor Ort in Betrieben und konkreten Wirtschaftsgesprächen konnte ein annähernd adäquates Bild marktwirtschaftlicher Prozesse in der Umbruchsituation vom Sozialismus zur Marktwirtschaft vermittelt werden. Dieser Einblick war für die Russen sehr wichtig. Denn ihnen ist nicht damit geholfen, die Illusion einer heilen Welt zu bekommen, sondern Anregungen für einen Weg, der ihnen ähnlich wie in der ehemaligen DDR jetzt bevorsteht und durch Licht und Schatten gekennzeichnet ist. Insgesamt war der Lehrgang ein voller Erfolg; momentan werden Fragen einer weiteren Finanzierung abgeklärt.

Eine wichtige Frage ist auch die unmittelbare Hilfe einzelner Handwerksbetriebe bei der Ausbildung von Fachkräften aus dem ehemaligen Ostblock. Eine geeignete Form könnte in der Zusammenarbeit mit der eingetragenen Vereinigung "Handwerkerinnen und Handwerker im Europäischen Haus" liegen. Im vergangenen Jahr war ein Vertreter der Kammer bei der Eröffnung der Geschäftsstelle in Jena zugegen und konnte mit dem Geschäftsführer Fragen einer evtl. gemeinsamen Arbeit abstimmen.

Eine weitere Idee ist die Durchführung von Ausbildungslehrgängen für "Euro-Betriebswirte des Handwerks". Geplant ist die Ausarbeitung eines Projektes, in dem ähnlich der Ausbildung zum Betriebswirt des Handwerks für deutsche Handwerker ein komplettes Studium für osteuropäische Führungskräfte angeboten wird. Interessant ist auch hier, daß sicherlich schon aufgrund der entstehenden Kosten nicht irgend jemand ausgebildet wird, sondern vorrangig die Geschäftsführer, Buchhalter und andere Führungskräfte unserer Betriebe in Rußland und ausgewählter Kräfte der IHK Rußlands.

Oft wird die Frage nach individueller Ausbildung in deutschen Handwerksbetrieben gestellt. Prinzipiell ist eine Aus- und Weiterbildung russischer oder polnischer Handwerker in Handwerksbetrieben Deutschlands möglich. Da es sich bei der Einreise jedoch nicht um einen touristischen Aufenthalt handelt, der z.B. für Polen visafrei erfolgen kann, sind bei den deutschen Behörden im Heimatland die entsprechenden Ausreiseformalitäten zu erledigen. Wichtig dabei ist, daß für die Beantragung der Ausreise als Zweck der Reise die Rubrik "zu Zwecken der Aus- und Weiterbildung" angekreuzt wird. Vom deutschen Handwerksmeister ist ein Aus- und Weiterbildungsplan zu erarbeiten. In diesem müssen Ziele, Inhalte und zeitliche Abläufe der geplanten Weiterbildungsmaßnahme dargestellt werden. Dieser Plan muß danach mit der zuständigen Handwerkskammer abgestimmt werden, die dann zum geplanten Vorhaben ein fachliches Gutachten anfertigt.

5. Zusammenfassung und abschließende Bemerkungen

Seit 1 1/2 Jahren hat nun die Handwerkskammer Potsdam Erfahrungen bei außenwirtschaftlichen Tätigkeiten gesammelt. Die hier skizzierten Ergebnisse zeigen, daß in dieser Zeit vieles erreicht wurde, einige Hürden aber noch zu überwinden sind. Darüber lassen sich die Potsdamer auch nicht von ersten Anfangserfolgen hinwegtäuschen. Besonders in Rußland hat sich eine rege Geschäftstätigkeit entwickelt, und es gibt hier viel zu tun, die Handwerker mit ihren neuen Unternehmen zu betreuen.

Im Juni fand eine gemeinsame Beratung der Handwerkskammer Potsdam mit dem Repräsentanten der Industrie- und Handelskammer der russischen Förderation für Deutschland statt. In einem gemeinsamen Protokoll wurden die Hauptrichtungen gemeinsamer Tätigkeit formuliert, die insgesamt wegweisend für die Schaffung handwerklicher und mittelständischer Strukturen im sich entwickelten Rußland sein können. Zentrales Projekt ist die Schaffung einer Handwerkskammer in Kostroma als Pilot-Projekt für Gesamtrußland. In einem Schreiben an den Präsidenten der IHK Rußlands bietet die Kammer Potsdam außerdem konkrete Unterstützung beim Aufbau einer handwerklichen Sektion der neu entstehenden IHK Rußlands an. Hier handelt es sich um eine Aufgabe von einer solchen Dimension, daß sie von der Kammer Potsdam nicht mehr allein bewältigt werden kann.

Die Beziehungen zu Polen werden weiter ausgebaut. Besonders die gemeinsame Fahrt mit polnischen Unternehmen nach Rußland wird eine neue Seite der Zusammenarbeit mit den polnischen Kollegen eröffnen.

Eine neue Initiative der Stadt Potsdam bezieht sich auf Aktivitäten in Kaliningrad (Königsberg). Über EG-Fördermittel sollen die russischen Handwerker in Deutschland über einen Zeitraum von 6 Monaten ausgebildet werden. Der Schwerpunkt liegt dabei bei den Bauberufen. Die Handwerkskammer wird sicher auch hier im Rahmen ihrer Möglichkeiten mitwirken, kommt es doch gerade in diesen ehemals deutschen Gebieten darauf an, den Menschen zu zeigen, daß dort ihre Perspektive und Zukunft liegt. Jede Mark an materieller Hilfe in Form von Aus- und Weiterbildung für Spezialisten ist ein Beitrag, die Menschen an ihr Land zu binden, den wirtschaftlichen Aufschwung in diesen Ländern zu beleben und damit perspektivisch neue Kooperationspartner für deutsche Firmen zu etablieren. Außerdem wäre es ein Beitrag zur Eindämmung von Zuwanderungen nach Deutschland aus diesen Gebieten.

Für die Zukunft sehen wir noch weitere Möglichkeiten, uns im Ausland zu engagieren. Zusammen mit Vertretern der Handwerkskammer Chemnitz wird die Kammer Potsdam Anfang Juli erste Kontakte mit einer Handwerkskammer in der tschechischen Republik knüpfen, um auch dort Möglichkeiten für Potsdamer Handwerksbetriebe auszuloten.

Insgesamt hat die Kammer in Potsdam die Erkenntnis gewonnen, daß außenwirtschaftliche Tätigkeit und Handwerk eng zusammengehören und daß das Engagement von Handwerkern im Ausland nicht nur eine symbolische Handlung darstellt. Eine außenwirtschaftliche Tätigkeit kann sich betriebswirtschaftlich gesehen voll und ganz in die Unternehmenskonzeption einpassen und zukunftsträchtig sein. Nur den Unternehmen, die bereits im Inland Liquiditätsprobleme haben, Absatzfragen nicht klären können und um eine stabilere Marktposition ringen, ist vom Schritt in das (östliche) Ausland als dem Rettungsanker oder dem Allheilmittel abzuraten. In diesen Fällen muß immer zuerst die Konsolidierung im Inland im Vordergrund stehen.

Hermann Schmidberger*

Möglichkeiten und Grenzen von wirtschaftlichen Aktivitäten deutscher Handwerksunternehmen in der Tschechischen Republik

---

* *Dipl.-Kfm. Hermann Schmidberger ist Leiter des Büros der Gesellschaft für EG-Binnenmarkt- und Außenwirtschaftsbeziehungen des Bayerischen Handwerks in Pilsen, Tschechische Republik*

1. Beschäftigung tschechischer Arbeitnehmer in der BRD

Im November 1973 hat die Bundesregierung einen Anwerbestop für ausländische Arbeitnehmer verfügt. Dementsprechend darf ausländischen Arbeitnehmern keine Arbeitserlaubnis erteilt werden.

Es gibt jedoch eine Reihe von Ausnahmen von dieser Regelung:

1) Eine Ausnahme von diesem allgemeinen Anwerbestop stellt die Beschäftigung auf der Grundlage eines Werkvertrages dar.

2) Eine Ausnahme stellt auch die sogenannte "Grenzgängerregelung" dar, bei der tschechische Arbeitnehmer bei Unternehmen arbeiten dürfen, die in den Landkreisen Bayerns, die an die tschechische Republik angrenzen, ihren Firmensitz haben. Hier gilt die Maßgabe, daß dadurch die Beschäftigungsmöglichkeiten für deutsche Arbeitnehmer nicht beeinträchtigt werden.

3) Eine dritte Ausnahme stellt die Vermittlung ausländischer Saisonarbeiter aus Süd- und Osteuropa in der BRD dar. Diese Beschäftigung darf nur 3 Monate pro Jahr dauern.

4) Ebenfalls eine Ausnahme ist die sogenannte "Vereinbarung über den Austausch von Gastarbeitnehmern" zwischen der BRD und der CSFR. Diese Vereinbarung wurde von beiden Republiken CR und SR übernommen.

5) Daneben bestehen noch einige sonstige Beschäftigungsmöglichkeiten, die bedeutendste ist dabei die sog. "Einarbeitung".

Für die Beschäftigung im Rahmen eines Werkvertrages und den "Gastarbeitnehmeraustausch" wurden zwischen der BRD und der ehemaligen CSFR festgesetzte Kontingente vereinbart:

- 4 000 Arbeitnehmer auf der Basis eines Werkvertrages, davon 1 500 im Baugewerbe,
- 1 000 Arbeitnehmer auf der Basis eines Werkvertrages zwischen tschechoslowakischen Arbeitgebern und deutschen kleinen und mittleren Unternehmen aller Branchen,
- 250 Arbeitnehmer als Restauratoren,
- 2 000 Arbeitnehmer im Baugewerbe befristet bis 31.12.1993,
- 1 000 Beschäftigte bei der Vereinbarung über den Austausch von Gastarbeitnehmern.

Nachfolgend sind die einzelnen Beschäftigungsmöglichkeiten dargestellt.

1.1 Beschäftigung im Rahmen eines Werkvertrages (Subunternehmervertrag)

Tschechische und slowakische Arbeitnehmer können im Rahmen eines zu schließenden Werkvertrages zwischen einem deutschen und einem tschechischen Unternehmen beschäftigt werden. Hierbei gilt keine Landkreisbegrenzung wie bei der Grenzgängerregelung, dafür fällt diese Beschäftigung unter die Kontingentierung, das heißt, es ist nur eine begrenzte Anzahl an Arbeitnehmern erlaubt. Ist diese Anzahl erschöpft, kann keine Beschäftigungserlaubnis mehr erteilt werden. Insgesamt beträgt das Beschäftigungskontingent 8 250 Arbeitnehmer, die Verteilung auf die tschechische und slowakische Republik wird derzeit vorgenommen.

1.1.1 Verfahrensablauf für die tschechische Republik

- Das deutsche Unternehmen sucht sich ein geeignetes Partnerunternehmen in der CR. Für die Vermittlung steht unsere Börse in Pilsen zur Verfügung.

- Ist das Partnerunternehmen gefunden, wird mit diesem ein Vorvertrag geschlossen. Der Vertrag muß ein konkretes Vorhaben betreffen, z.B. Bau eines Reihenhauses in XY. Der Vorvertrag wird auf der Basis der Lohnleistungen errechnet, die mit etwa DM 30,- pro Arbeitsstunde angesetzt werden müssen.

Beispiel: Objekt - Bau Reihenhaus

10 Leute à 200 Stunden/Monat x 10 Monate x DM 30,-/Stunde = DM 600 000,-

- Der tschechische Partner akzeptiert diesen Vorvertrag und geht zum Ministerium für Industrie und Handel der Tschechischen Republik (Adresse: Ministerstvo prumyslu a obchodu Ceske republiky, licencni odbor, pan Dr. Gilka, Politickych veznu 20, 112 49 Praha 1). Dort besorgt er sich für die nötigen Arbeitskräfte, die namentlich benannt sein müssen, ein Personalkontingent (Ansprechpartner: Herr Prof. Gilka). Gleichzeitig besorgt das tschechische Unternehmen Einreisevisa für diese Arbeitnehmer.

- Ist das Personalkontingent genehmigt, geht das tschechische Subunternehmen zum deutschen Hauptunternehmer und schließt mit diesem einen endgültigen Werkvertrag. Dafür ist dann beim zuständigen deutschen Arbeitsamt eine Arbeitserlaubnis zu beantragen (s. Punkt 1.1.2 - Erteilung einer Arbeitserlaubnis).

- Dem Arbeitsamt müssen folgende Unterlagen/Nachweise vorgelegt werden:

  a) Werkvertrag zu den einzelnen Vorhaben mit
    * genauer Leistungsbeschreibung
    * Angaben
      zum Umfang der Arbeiten (Aufmaße etc.)
      zum Zeitraum der Fertigstellung des Werkes (Beginn/Ende)
      zur Zahl und Qualifikation der Arbeitnehmer
      zum Einsatzort

b) Gewerbeanzeige nach § 14 Gewerbeordnung (stellt deutsche Gemeinde dem tschechischen Unternehmen nach Vorlage des Werkvertrages aus)

c) Steuerliche Bescheinigung des zuständigen deutschen Finanzamtes (stellt Finanzamt dem tschechischen Unternehmen aus)

d) Erklärungen zum Werkvertrag entsprechend der vom Arbeitsamt ausgehändigten Formblätter

e) Eintragung in die Handwerksrolle (ist durch das tschechische Unternehmen bei der Handwerkskammer zu beantragen)

f) Bestätigung des tschechischen Unternehmers, daß und wohin die Lohnsteuer und Sozialversicherungsbeiträge für die benannten Arbeitnehmer entrichtet werden

- Das örtliche Arbeitsamt leitet diese gesamten Unterlagen an das Arbeitsamt Deggendorf weiter. Dort ist zum 1.3.1993 eine Zentralstelle für alle Werkvertragsgenehmigungen mit der tschechischen Republik eingerichtet worden. Das Arbeitsamt genehmigt den Werkvertrag und leitet ihn wieder an das örtliche Arbeitsamt zurück (Erteilung der Arbeitserlaubnisse für die benannten tschechischen Arbeitnehmer).

- Deutsches und tschechisches Unternehmen leiten die Arbeitserlaubnisse an das örtliche Landratsamt zur Erteilung der Aufenthaltsgenehmigungen weiter.

- Landratsamt erteilt Aufenthaltserlaubnis, der Erfüllung des Werkvertrages steht nichts mehr im Wege.

Die Bundesanstalt für Arbeit hat brandneu eine Reihe administrativer **Maßnahmen zur Bekämpfung des Mißbrauchs** bei der Beschäftigung ausländischer Arbeitnehmer im Rahmen von Werkverträgen erlassen.

Der Maßnahmenkatalog sieht in Kurzform so aus:

1) **Lohnvergleich**
Grundlage ist der Tariflohn vergleichbarer Arbeitnehmer in der BRD. Dazu sind jetzt auch tarifvertraglich geltende Auslösungen einzubeziehen, z.b. bei Bauunternehmen der Bauzuschlag, das Weihnachts- und das Urlaubsgeld. Bei Bauleistungen ergibt sich hier ein Stundenlohn von DM 26,45 brutto, ein Monatslohn von DM 2 901,06, den der ausländische Baufacharbeiter von seinem ausländischen Arbeitgeber (Subunternehmer) erhalten muß. Dazu kommen die Auslösungen (Tagegeld und Übernachtungen) sowie die Betriebskosten des tschechischen Unternehmens, was insgesamt zu einem Kalkulationssatz führt, der gleich dem Satz deutscher Unternehmen ist.

2) **Arbeitsmarktklausel**
Ausländische Werkvertragsarbeitnehmer werden nicht zugelassen, wenn der deutsche Unternehmer kurzarbeitet oder wenn die Arbeitslosenquote im Arbeitsamtsbezirk des deutschen Hauptunternehmers 30 % über dem Bundesdurchschnitt liegt. Derzeit ist kein bayerisches Arbeitsamt davon betroffen.

3) **Gebühr für die Erteilung der Arbeitserlaubnis**
Für die Erteilung der Arbeitserlaubnis für die Werkvertragsarbeitnehmer werden zukünftig folgende Gebühren durch das Arbeitsamt berechnet:

- DM 2 000,-/Arbeitnehmer bei Ausführungszeit von über 9 Monaten
- DM 1 600,- bis zu 9 Monaten
- DM 1 200,- bis zu 6 Monaten

Bei Verlängerung des Werkvertrages über einen Monat: DM 400,-/Arbeitnehmer. Wird der Vertrag nicht ausgeführt, wird ein Gebührenanteil von DM 200,-/Arbeitnehmer verrechnet.

1.1.2 Erteilung einer Arbeitserlaubnis

Eine Arbeitserlaubnis kann nur erteilt werden, wenn

- es sich um einen Werkvertrag im Sinne der §§ 631 ff BGB handelt, also keine Arbeitnehmerüberlassung vorliegt. Im wesentlichen ist dabei zu beachten, daß
  * eine Vereinbarung und Erstellung eines konkret bestimmten Werkergebnisses,
  * eine eigenverantwortliche Organisation des tschechischen Subunternehmers,
  * ein Weisungsrecht des Subunternehmers,
  * das Tragen des Unternehmerrisikos mit Gewährleistung durch den Subunternehmer,
  * eine ergebnisbezogene Vergütung, grundsätzlich keine Abrechnung nach Stunden

  besteht oder vorliegt,

- das tschechische Unternehmen die gewerberechtlichen Voraussetzungen erfüllt,

- bei der Erstellung des Werkes Fachkräfte des tschechischen Unternehmens eingesetzt werden,

- die Beschäftigungsmöglichkeiten für deutsche oder bevorrechtigte Arbeitnehmer nicht beeinträchtigt werden,

- die Lohn- oder Arbeitsbedingungen nicht ungünstiger sind als die vergleichbarer deutscher Arbeitnehmer.

Die Überprüfung der Voraussetzungen obliegt dem Arbeitsamt.

1.1.3 Sozialversicherungs- und lohnsteuerrechtliche Behandlung

Der tschechische Arbeitnehmer ist über seinen Betrieb in der CR versichert; eine Sozialversicherung auf deutscher Seite durch den deutschen Betrieb ist also nicht notwendig. Gleiches gilt für die Lohnsteuern, der Arbeitnehmer ist allein über seinen Betrieb in der CR steuerpflichtig. Es ist jedoch geplant, eine Abfindungspauschale je Arbeitnehmer zu erheben, die Höhe steht z.Zt. noch nicht fest.

1.2 Beschäftigung von Grenzgängern

Betriebe, die ihren Sitz in den Landkreisen Passau, Freyung-Grafenau, Regen, Cham, Schwandorf, Amberg-Sulzbach, Neustadt a.d. Waldnaab, Tirschenreuth, Wunsiedel, Bayreuth, Hof, Kulmbach, Kronbach oder in den kreisfreien Städten Passau, Amberg, Weiden, Bayreuth und Hof haben, können tschechische Arbeitnehmer im Wege der Grenzgängerregelung beschäftigen. Derzeit bemühen sich auch die Landkreise Deggendorf und Straubing-Bogen um die Aufnahme in diese Grenzgängerregelung.

Für die Grenzgänger ist kein Personalkontingent vorgeschrieben. Voraussetzung hierfür ist jedoch, daß die tschechischen Arbeitnehmer täglich von ihrem Wohnort in der CR in den deutschen Betrieb einpendeln. Eine Übernachtung in der BRD pro Woche ist gestattet, der tschechische Arbeitnehmer darf dann jedoch nur 2 Tage pro Woche arbeiten.

Die Beschäftigung von Grenzgängern ist nur möglich, wenn von der deutschen Arbeitsverwaltung keine Fachkräfte vermittelt werden können. Die Beschäftigung von minderqualifizierten Hilfskräften ist aus diesem Grund fast immer unmöglich. Der tschechische Arbeitnehmer benötigt für die Beschäftigung eine Arbeitserlaubnis und eine Aufenthaltserlaubnis ("Grenzgängerkarte"). Beides kann nur durch eine Einstellungszusage des deutschen Betriebes sichergestellt werden.

Wichtig ist, daß Grenzgänger nur in dem Landkreis beschäftigt werden dürfen, in dem der Betriebssitz des Unternehmens liegt. Das gilt auch für notwendige Montagearbeiten, die außerhalb der "Grenzgängerlandkreise" nicht möglich sind.

Die Arbeitserlaubnis durch das Arbeitsamt wird für max. 1 Jahr gewährt, die Praxis ist derzeit jedoch nur 1/2 Jahr. Sie kann auf Antrag verlängert werden.

1.2.1 Verfahrensweise bei Grenzgängern

1. CR-Bürger mit Wohnort im Grenzgebiet zu Bayern geht zu einem Arbeitsamt in Bayern und fragt nach einer Beschäftigung nach.

2. Arbeitsamt übergibt dem tschechischen Staatsbürger einen Antrag auf Arbeitserlaubnis/Einstellungsbestätigung und vermittelt u.U. auch gleich eine Beschäftigung. Dafür ist es notwendig und sinnvoll, daß das deutsche Unternehmen beim Arbeitsamt eine Vermittlung beantragt (formlos).

3. CR-Bürger geht zum Betrieb, der das Formblatt ausfüllt und dem Tschechen wieder mitgibt. Dabei ist zu beachten, daß nur Fachkräfte beschäftigt werden dürfen und der Tarifvertrag Grundlage des Vertrages ist, also Gleichbehandlung wie mit deutschen Arbeitnehmern.

4. CR-Bürger gibt den "Vertrag" beim Arbeitsamt ab, das die Voraussetzungen prüft. Ist eine Beschäftigung möglich, erteilt das Arbeitsamt die Genehmigung (Arbeitserlaubnis).

5. CR-Bürger geht nach Erteilung der Arbeitserlaubnis zur Ausländerbehörde (Landratsamt am Betriebssitz des deutschen Unternehmens), die nach Überprüfung eine "Grenzgängerkarte" (= Aufenthaltserlaubnis) ausstellt. Für diese Genehmigung benötigt der CR-Bürger die Bescheinigung des Arbeitsamtes, seinen Ausweis sowie 2 Paßbilder.

6. Arbeitsverhältnis kann aufgenommen werden.

1.2.2 Sozialversicherungsrechtliche Behandlung der Grenzgänger

1. Betrieb meldet seine beschäftigten Grenzgänger wie deutsche Staatsbürger mit den entsprechenden Anmeldeformularen bei der Krankenkasse an.

2. Nach Anmeldung sind die Grenzgänger renten-, kranken- und arbeitslosenversichert und genießen die gleiche Behandlung wie deutsche Staatsbürger.

3. Der Anspruch der versicherten CR-Bürger ist gleich dem deutscher Versicherter, er schließt jedoch Ansprüche von Familienmitgliedern nicht mit ein.

4. Die Behandlung der Versicherten muß grundsätzlich mit Krankenschein bei einem deutschen Arzt erfolgen, es bestehen jedoch grundsätzlich keine Bedenken, Grenzgängern bei Aufenthalt in der CR Krankengeld zu zahlen.

5. Rechtlich ungeklärt ist derzeit noch eine aus dringenden Gründen erfolgte ärztliche Behandlung in der CR. Hier ist in jedem Fall Rücksprache mit der zuständigen AOK zu nehmen, ob eine Erstattung auf Privatversicherungsbasis vorgenommen werden kann, d.h. der Versicherte läßt sich vom behandelnden tschechischen Arzt eine Rechnung ausstellen, die bei der AOK eingereicht wird.

Wichtig: In jedem Fall vor Beschäftigung von Grenzgängern mit der AOK diese Angelegenheit klären

6. Ergänzend ist noch anzumerken, daß der Betrieb bei der Anmeldung eines Grenzgängers dringend folgende Angaben macht:
   - genaue Wohnortadresse mit Postleitzahl
   - Geburtsort des Versicherten
   - Geburtsname bei Frauen

1.2.3 Lohnsteuerrechtliche Behandlung der Grenzgänger

Grenzgänger sind beschränkt steuerpflichtig nach der Steuerklasse I. Hierbei ist ein Antrag beim Finanzamt zu stellen, das daraufhin eine Steuerbescheinigung erstellt. Die Abgaben sind entsprechend deutscher Arbeitnehmer der Steuerklasse I zu entrichten. Es besteht die Möglichkeit, steuermindernde Aufwendungen bereits vorab in die Steuerbescheinigung eintragen zu lassen.

1.2.4 Renten- und Arbeitslosenversicherung

Wie deutsche Arbeitnehmer erarbeiten sich die tschechischen Beschäftigten nach Erfüllung der Wartezeit (60 Monate) einen Rentenanspruch. Im neuen Rentenreformgesetz 1992 ist vorgesehen, bei Nichterfüllung der Wartezeit, 6 Monate nach Ablauf der Tätigkeit die Rentenversicherungsbeiträge rückzuerstatten.

Anders ist die Situation bei der Arbeitslosenversicherung. Trotz der zu zahlenden Beiträge entsteht kein Anspruch auf Arbeitslosenversicherung.

1.3 Beschäftigung ausländischer Saisonarbeiter

Aushilfskräfte aus der CR dürfen seit Anfang des Jahres 1991 bis zu 3 Monaten beschäftigt werden, wenn vor Ort keine deutschen oder gleichberechtigten Arbeitnehmer zur Verfügung stehen. Voraussetzung für die Einstellung ist, daß die Arbeitgeber sich an ein bestimmtes Verfahren halten, das zwischen den Arbeitsverwaltungen der beteiligten Länder BRD und CR abgesprochen ist (§ 1, Abs. 3 Arbeitserlaubnisverordnung). Die Beschäftigung ist nicht beschränkt auf Branchen oder Jahreszeiten.

1.3.1 Verfahrensablauf

- Interessierte Arbeitnehmer aus der CR bewerben sich in ihrem Herkunftsland um eine "Saisonbeschäftigung" (Mindestalter 18 Jahre).

- Interessierte Arbeitgeber aus der BRD melden ihr Stellenangebot mit dem Vordruck "Einstellungszusage/Arbeitsvertrag" ihrem örtlichen Arbeitsamt, das den Vorgang prüft und an die Zentralstelle für Arbeitsvermittlung (ZAV) weitergibt.

- Die ZAV wählt aus den tschechischen Personen einen geeigneten Bewerber aus und benachrichtigt den deutschen Betrieb, der sich dann direkt mit dem Bewerber in Verbindung setzt. Der Betrieb kann jedoch auch gleich einen geeigneten, persönlich bekannten, Bewerber vorschlagen.

- Gleichzeitig leitet die ZAV die Einstellungszusage über die tschechische Arbeitsvermittlung an den Bewerber weiter. Der Bewerber kann das Angebot annehmen oder ablehnen. Bei Annahme gilt die Unterschrift des Bewerbers als Arbeitsvertrag, der bereits die Zusicherung der Arbeitserlaubnis enthält. Daraufhin beschafft sich der Bewerber bei der deutschen Botschaft in Prag einen Einreisesichtvermerk (Visum) - Vorlage des Arbeitsvertrages ist hier erforderlich.

- Nach Ablauf eines Jahres kann erneut eine Saisonbeschäftigung mit dem gleichen Arbeitgeber abgeschlossen werden.

1.3.2 Rechte und Pflichten

Der deutsche Arbeitgeber ist bis zu 4 Wochen an seine Einstellungszusage gebunden und muß eine angemessene Unterkunft zur Verfügung stellen oder eine preisgünstige Unterkunft nachweisen. Der Lohn muß ortsüblich sein und den tariflichen Vorschriften entsprechen. Bezüglich der Sozialversicherung und Lohnsteuer gelten die gleichen Bedingungen wie bei den Grenzgängern.

1.4 Beschäftigung von Gastarbeitnehmern aus der CR

Die BRD und die Noch-CSFR haben am 23.4.1991 eine Vereinbarung zum Austausch von Gastarbeitnehmern zur Förderung der sprachlichen und beruflichen Fortbildung geschlossen.

Die Vereinbarung gestattet jährlich 1 000 deutschen und tschechischen und slowakischen Arbeitnehmern die Aufnahme einer Beschäftigung im Gastland, sofern ein Fortbildungszweck eindeutig nachgewiesen wird. Die Vereinbarung soll **nicht** dazu dienen, Bedarfslücken des deutschen oder tschechischen Arbeitsmarktes zu decken. Vorrangiger und nachzuweisender Zweck ist die Fortbildung, also die berufliche oder sprachliche Qualifizierung. Diese Beschäftigungsart dauert in der Regel 12 Monate und kann auf 18 Monate verlängert werden.

Der Gastarbeiternehmer muß folgende Voraussetzungen erfüllen:

- Mindestalter 18 Jahre, Höchstalter 40 Jahre

- abgeschlossene berufliche Ausbildung von mindestens 2 Jahren

- die Ausbildung kann sowohl in Betrieben wie überbetrieblich erfolgt sein

- Studienabschlüsse sind in der Regel als beruflicher Abschluß zu bewerten

- eine Zulassung zur Gastarbeitnehmertätigkeit außerhalb des Ausbildungsberufes ist nur in Ausnahmen möglich

- ausreichende Sprachkenntnisse

1.4.1 Verfahrensablauf

- Der tschechische Gastarbeitnehmer reicht eine Bewerbung beim Förderativen Ministerium für Arbeit und Sozialangelegenheiten in Prag ein. Der Bewerbung sind beizufügen: Bewerbungsbogen, Bestätigungsschreiben des deutschen Arbeitgebers (soweit schon vorhanden), Lebenslauf, Ausbildungs- und Arbeitszeugnisse, 2 Lichtbilder. Alle Dokumente müssen in die deutsche Sprache übersetzt sein.

- Der deutsche Betrieb beantragt über das örtliche Arbeitsamt die Vermittlung eines tschechischen oder slowakischen Gastarbeitnehmers. Er kann dabei auch einen bereits bekannten Arbeitnehmer benennen. Das örtliche Arbeitsamt leitet den Antrag an die Zentralstelle für Arbeitsvermittlung (ZAV) in Frankfurt weiter.

- Nach erfolgreicher Vermittlung und Abschluß eines Arbeitsvertrages beantragt der tschechische Arbeitnehmer bei der deutschen Botschaft in Prag einen Einreisesichtvermerk (Visum).

1.4.2 Rechte und Pflichten

Der Gastarbeitnehmer muß deutschen Arbeitnehmern in jeder Hinsicht gleichgestellt werden (Arbeitsbedingungen, Entlohnung, Versicherungsschutz). Sozial- und lohnsteuerrechtliche Behandlung wie bei den Grenzgängern.

1.5 Sonstige Beschäftigungsmöglichkeiten

1.5.1 Einarbeitung

Bei der Grenzgängerregelung wie auch bei der Beschäftigung im Rahmen eines Werkvertrages will der deutsche Unternehmer vorab häufig Fachleute einarbeiten. Dazu ist das Betriebsstättenarbeitsamt des deutschen Unternehmers von der Art der geplanten Geschäftsbeziehungen zu unterrichten. Die Einarbeitungsdauer ist auf max. 18 Monate beschränkt, die Regel ist jedoch eine kürzere Dauer, z.B. 6 Monate.

1.5.2 Praktika

Tschechische Studenten und Fachschüler dürfen ein Auslandspraktikum ableisten, sofern dies Grundlage des Studienrahmenplanes ist. Die Genehmigung für diese Praktikumstätigkeit ist beim Arbeitsamt des deutschen Betriebes einzuholen. Dabei ist auch die Praktikumsdauer festzulegen. Der Betrieb hat eine Unfallversicherung über die Berufsgenossenschaft abzuschließen.

1.5.3 Ferienarbeit für Schüler und Studenten

Ebenso wie bei den Grenzgängern ist in den Grenzzonen Ferienarbeit für tschechische Schüler und Studenten erlaubt. Diese müssen vom deutschen Arbeitsamt vermittelt werden. Voraussetzung ist dabei wieder, daß keine deutschen Schüler oder Studenten vermittelt werden können.

1.5.4 Beschäftigung von Personen, an denen die BRD ein besonderes Interesse hat

Wissenschaftler und Ingenieure, an deren Beschäftigung wegen ihrer besonderen Kenntnisse ein besonderes Interesse besteht, oder Personen, die im Rahmen von Exportlieferungs- oder Lizenzverträgen qualifiziert werden müssen, können ebenfalls beschäftigt werden. Für den Ablauf solcher Beschäftigungsverhältnisse ist mit dem zuständigen Arbeitsamt Kontakt aufzunehmen.

2. Kooperation mit tschechischen Unternehmen

Unter Kooperation versteht man die Zusammenarbeit mit tschechischen Unternehmen ohne Unternehmensbeteiligung (Joint Venture). Die wichtigste Kooperationsform ist die sogenannte **passive Lohnveredelung,** bei der Arbeitsleistungen in die tschechische Republik verlagert werden. Die Rohstoffe oder Halbprodukte werden in die CR verbracht, dort weiterverarbeitet und gehen als Fertigprodukte anschließend wieder in die BRD zurück. Für die passive Lohnveredelung ist es empfehlenswert, zwischen dem deutschen und dem tschechischen Partner einen Werkvertrag abzuschließen.

Verfahrensablauf bei der Lohnverdelung:

a) Das deutsche Unternehmen sucht in der CR einen geeigneten Betrieb. Zur Unterstützung dieser Bemühungen steht die GBA Pilsen mit einer Datenbank zur Verfügung.

b) Ist ein geeigneter Partner gefunden, wird der o.g. Werkvertrag geschlossen.

c) Der Betrieb stellt bei seinem Hauptzollamt am Betriebssitz einen Antrag auf Bewilligung einer passiven Veredelung. Gegebenenfalls kann er auch eine "Bestellung eines steuerlichen Beauftragten oder Betriebsleiters" vornehmen.

d) Das Hauptzollamt bewilligt die Veredelung.

e) Der Betrieb beantragt die Abfertigung zur passiven Veredelung.

f) Der Betrieb oder sein steuerlicher Beauftragter geht zum Zollamt zur Ausfuhrabfertigung, um seine Materialien bzw. Halbfertigprodukte, die zur Erstellung der Lohnveredelung in der CR notwendig sind, ausführen zu können. Der Ausfuhrerklärung muß eine Proforma-Rechnung für alle Produkte beigefügt werden.

g) Das Zollamt erteilt daraufhin den Veredelungsschein.

h) Anschließend werden die notwendigen Materialien oder Halbfertigprodukte in die CR ausgeführt.

i) Veredelung in der CR.

j) Einfuhr der veredelten Waren mit Rechnung des tschechischen Veredelers.

k) Der deutsche Betrieb erstellt den Zollantrag und Zollanmeldung.

l) Das Zollamt setzt den Betrag für Zoll und Einfuhrumsatzsteuer fest.

m) Außerdem ist ein Entwurf des Werkvertrages an das Bundesamt für Wirtschaft in 6236 Eschborn/Taunus 2, Frankfurter Str. 29-31, Tel. 06196-4040 zu leiten. Dieses Amt prüft, ob die Veredelung den Außenwirtschaftsbestimmungen, z.B. den Einfuhrbeschränkungen im Textilbereich, entspricht.

n) Die zolltechnische Abwicklung auf deutscher Seite kann auch über eine an der Grenze ansässige Spedition erfolgen.

3. Unternehmensgründung in der tschechischen Republik

3.1 Allgemeines

Mit der Novelle des Gesetzbuches Nr. 173/1988 mit Ergänzungen nach dem Gesetz Nr. 112/1990 und dem seit 1.1.1993 geltenden neuen Handelsgesetzbuch sind alle Rechtsgrundlagen zur Gründung von Unternehmen mit deutscher Kapitalbeteiligung geschaffen worden. Die Kapitalbeteiligung ist möglich von mindestens 2 % bis 100 % des Stammkapitals. Bildung des Stammkapitals kann also auch ohne einen tschechischen Partner erfolgen.

Unternehmen mit ausländischer (sprich: deutscher) Vermögensbeteiligung heißen "**Joint Venture**". Es sind eine Reihe von Rechtsformen ähnlich wie in der BRD möglich. Im Anschluß ist die Rechtsform einer GmbH (tschechisch: spol. s r.o.) als die weitaus gebräuchlichste Form eines Joint Ventures dargestellt.

3.2 Die Gründung einer Unternehmung mit deutscher Beteiligung "Joint Venture"

Eine deutsche physische Person kann in der CR ein Unternehmen entweder als alleiniger Gesellschafter (100 % Beteiligung) oder auch mit einem deutschen oder tschechischen Partner gründen. Dies gilt auch für eine juristische Person, z.B. eine deutsche GmbH.

Durch die Gründung entsteht in jedem Fall ein rechtlich selbständiges **tschechisches** Unternehmen, das gesellschaftsrechtlich, steuerrechtlich usw. tschechischem Recht unterliegt.

3.2.1 Physische Person (Herr oder Frau A) gründet eine GmbH

Die physische Person "A" kann das Unternehmen als Alleingesellschafter oder mit einem oder mehreren (bis 50) Partnern gründen.

3.2.1.1 Physische Person "A" gründet das Unternehmen als Alleingesellschafter

a) A sucht für das Unternehmen einen Standort. Dabei ist es noch nicht notwendig, daß er gleich eine Betriebsstätte errichtet, es reicht auch eine Büroadresse aus.

b) A geht anschließend zu einem tschechischen Notar und läßt eine sog. "Gründungsliste" anfertigen. In der Gründungsliste muß festgelegt werden:
- Namen der physischen Person A, z.B. Heinrich Meier, geb. ...
- Firmenbezeichnung, z.B. Heinrich Meier, Schreinerei
- Sitz der Firma, z.B. Pilsen, Skroupova 18 (auch nur als erste Büroadresse)

- Gegenstand der Tätigkeit, z.B. Herstellung von Fenstern und Türen (vgl. Gewerberechtliche Bestimmungen)
- Stammkapital des Unternehmens, z.B. 100 000 Kronen bei Gründung einer GmbH. Das Stammkapital muß vollständig auf ein Konto bei einer tschechischen Bank eingezahlt werden.
- Organe der Gesellschaft sind die Gesellschafterversammlung sowie die Geschäftsführer. Der Geschäftsführer kann tschechischer oder auch deutscher Nationalität sein. Der Deutsche muß jedoch seinen ständigen Wohnsitz in der CR und eine Aufenthaltsbewilligung für die CR nachweisen.

Damit ist die Gründungsliste vollständig. Die Ausfertigung muß in tschechischer Sprache erfolgen.

c) A geht mit Gründungsliste zum zuständigen Gewerbereferat bei der Landkreisverwaltung des Landkreises, in dem sein Unternehmen registriert werden soll. In größeren Kommunen gibt es solche Referate auch bei Gemeinden/Städten. Das Gewerbereferat ordnet die Tätigkeit des Unternehmens nach den gewerberechtlichen Bestimmungen (s. Abschnitt 3.5). In jedem Fall hat das Unternehmen einen verantwortlichen Vertreter zu benennen, der seinen Wohnort in der CR hat, mindestens 18 Jahre alt und unbescholten ist und die erforderliche Qualifikation besitzt.

d) Anschließend stellt der (oder die) Geschäftsführer beim Registergericht Antrag auf Eintragung ins Handelsregister. Den Antrag kann auch ein Bevollmächtigter einreichen, dazu ist jedoch eine notarielle Beglaubigung der Unterschriften des oder der Geschäftsführer vorzulegen. Registergerichte befinden sich in den ehemaligen Bezirksgerichten, z.B. im ehemaligen Bezirk Westböhmen in Pilsen oder in Busweis für Südböhmen.

Bei der Eintragung ist vorzulegen:
- Gründungsliste (s. Abschn. 3.2.1.1 b)
- Kontoauszug über das eingezahlte Stammkapital

- Aufenthaltserlaubnis des oder der Geschäftsführer
- Gewerbeanmeldung

Sind alle Unterlagen vorgelegt, trägt der zuständige Richter beim Bezirksgericht das Unternehmen ins Handelsregister ein. Erst ab dieser Eintragung ist die gewerbliche Tätigkeit erlaubt.

3.2.2 Mehrere physische Personen (von 2 - 50) gründen eine GmbH

Der Ablauf der Gründung erfolgt im wesentlichen wie unter 3.2.1 beschrieben. Ausnahmen davon sind:

- Die sog. "Gründungsliste wird durch einen Gesellschaftsvertrag ersetzt. Grundlage kann dafür ein Gesellschaftsvertrag für eine deutsche GmbH sein, der nach tschechischem Recht modifiziert wird. Der Gesellschaftsvertrag muß wieder in tschechischer Sprache vorgelegt werden.
- Das Stammkapital muß nicht vollständig eingezahlt sein.

Im Anschluß sind die wichtigsten Elemente eines Gesellschaftsvertrages dargestellt.

3.2.2.1 Gesellschaftsvertrag

(1) Gesellschafter

Gesellschafter kann nur 1 Person oder maximal 50 Personen sein. Die Gesellschafter können deutsche und tschechische Personen sein, es ist jedoch auch möglich, daß nur Deutsche die Gesellschaft gründen (100 %ige deutsche Beteiligung). Der (die) Gesellschafter sind mit vollständigem Namen und Wohnort oder Sitz anzugeben.

(2) Handelsbezeichnung und Sitz des Unternehmens

Die zu gründende Firma muß eine Handelsbezeichnung führen, z.B. _____ spol. s r. o. Die Gesellschaft muß auch einen Sitz nachweisen, z.B. Skroupova 18, Plzen. Hat die Gesellschaft keine eigenen Immobilien, ist ein Mietvertrag mit dem Gründstückseigentümer vorzuweisen, sonst ist die Eintragung in das Handelsregister nicht möglich.

(3) Gegenstand des Unternehmens

Es ist genau anzuführen, welche Tätigkeiten das Unternehmen ausführen möchte. Wichtig ist dabei auch, daß die Außenhandelstätigkeit jeglicher Art enthalten ist, mit Ausnahme des Warenhandels, für dessen Import oder Export eine besondere Genehmigung notwendig ist (Liste dieser Waren liegt in unserem Büro in Pilsen auf).

(4) Stammkapital und Stammeinlagen

Das Stammkapital muß mindestens 100 000 Kronen betragen und kann durch die Gesellschafter beliebig gebildet werden. Die Einlagen der Gesellschafter müssen nicht sofort erbracht werden. Bei reinen Geldeinlagen sind 30 % des Kapitals, mindestens jedoch 50 000 Kronen, sofort einzuzahlen. Es ist anzugeben, bei welcher Bank in der CR die Einlagen einbezahlt werden. Ist nur eine Teileinlage bei Gründung erbracht, ist der Rest innerhalb von 5 Jahren zu erbringen. Die Resteinlage muß mit mindestens 20 % p.a. verzinst werden.

Bei gemischten Einlagen (Kombination aus Geld- und Sacheinlagen) muß die Geldeinlage mindestens 50 000 Kronen betragen, der Rest kann in Sachen erbracht werden. Die Sacheinlagen müssen genau beschrieben und durch ein Schätzgutachten bewertet sein.

(5) Organe der Gesellschaft

Die Gesellschaft besitzt 2 Organe, den
* Geschäftsführer, gewählt oder berufen von der
* Gesellschafterversammlung

(6) Gesellschafterversammlung
Die Gesellschafterversammlung wird durch den Geschäftsführer einberufen und findet mindestens einmal im Jahr statt. Die Ladung hat mit eingeschriebenem Brief an alle Gesellschafter mindestens 14 Tage vor dem Termin zu erfolgen. Die Gesellschafterversammlung, in welche über die Jahresbilanz entschieden wird, hat im ersten Quartal des folgenden Jahres stattzufinden. Wenn 10 % des Stammkapitals eine außerordentliche Gesellschafterversammlung verlangen, muß der Geschäftsführer diese einberufen (Frist 1 Monat). Kommt der Geschäftsführer dieser Pflicht nicht nach, können auch die Gesellschafter eine Gesellschafterversammlung einberufen.

(7) Gesellschafterbeschlüsse
Die Gesellschafterversammlung ist beschlußfähig, wenn mindestens 50 % des Stammkapitals vertreten sind. Ein Gesellschafter kann sich auch durch Vollmacht vertreten lassen. Die Beschlüsse sind mit über 50 % der Stimmen rechtswirksam. Bei Änderung der Satzung oder Entlassung der oder des Geschäftsführer(s) sind 75 % der Stimmen notwendig.

(8) Geschäftsführung
Der Geschäftsführung (einer oder mehrere Geschäftsführer) obliegt die Vertretung der Gesellschaft nach außen.

(9) Dauer der Gesellschaft, Geschäftsjahr
Die Dauer der Gesellschaft soll auf unbestimmte Zeit abgeschlossen werden. Geschäftsjahr kann das Kalenderjahr oder auch ein abweichender Termin sein. Es ist eine Frist zur Kündigung eines Gesellschafters festzulegen, z.B. 6 Monate zum Ende eines Geschäftsjahres. Ebenfalls die Anschlußkündigung der übrigen Gesellschafter zum gleichen Zeitpunkt, z.B. 2 Monate nach Eingang der Erstkündigung.

(10) Jahresabschluß, Gewinnverwendung, Reservefonds
Der Jahresabschluß ist nach Ende des Geschäftsjahres (s.o.) innerhalb von drei Monaten der Gesellschafterversammlung

vorzulegen. Die Verwendung der Gewinne kann frei vereinbart werden, im Regelfall jedoch nach dem Verhältnis ihrer Einlagen.

Eine spezielle Vorschrift in der CR ist die Bildung eines Reservefonds. Dieser Fonds, der für außergewöhnliche Belastungen gebildet wird, muß mindestens 5 % des jeweiligen Gewinns nach Abzug der Steuern betragen. Bei der Unternehmensgründung sind sofort mindestens 5 000 Kronen nachzuweisen. Der Fonds ist so lange zu bilden, bis 10 % des Stammkapitals erreicht sind. Es ist empfehlenswert, diese 10 % gleich bei der Errichtung der Gesellschaft zu bilden.

Eine besondere Verpflichtung des Geschäftsführers besteht darin, daß er bei Absinken des Reservefonds auf die Hälfte der Summe, die bei der letzten Gesellschafterversammlung gebildet war, binnen 15 Tagen eine Gesellschafterversammlung einzuberufen hat.

(11) Verfügung über die Geschäftsanteile, Gesellschafterausschluß
Eine besondere Vereinbarung, wieviele Gesellschafter der Übertragung von Anteilen zustimmen müssen, ist nicht vorgeschrieben. Sinnvoll ist jedoch eine qualifizierte Mehrheit vorzuschreiben, z.B. 75 %. Desgleichen gilt für den Ausschluß eines Gesellschafters. Die Übernahme der Anteile durch die verbleibenden Gesellschafter muß jedoch gesichert sein.

(12) Tod eines Gesellschafters, Erbfolge
Es ist empfehlenswert, bei Tod eines Gesellschafters keine Zersplitterung (Erbengemeinschaft) zuzulassen. Weiterhin ist es empfehlenswert, im Gesellschaftervertrag die Möglichkeit der Übernahme durch die verbleibenden Gesellschafter zu vereinbaren und den oder die Erben auszubezahlen.

(13) Auflösung der Gesellschaft
Die Gesellschaft kann oder muß aufgelöst werden
- durch Gesellschafterbeschluß
- durch Eröffnung eines Konkursverfahrens
- durch gesetzliche Bestimmungen, die durch ein Gericht zu entscheiden sind

(14) Schiedsverfahren
Ein Schiedsverfahren muß nach den gesetzlichen Bestimmungen nicht vereinbart werden.

(15) Schlußbestimmungen
Im Gesellschaftsvertrag ist der Antrag auf die Registrierung beim Betriebsregister (Handelsregister) zu stellen. Erst mit dem Tag der Registrierung ist die Gesellschaft gegründet. In den Schlußbestimmungen kann auch ein Wettbewerbsverbot vereinbart werden.

Der Vertrag ist in tschechischer Sprache auszufertigen. Der Vertrag in deutscher Sprache ist zur Registrierung unzulässig.

3.2.3 Juristische Person (A-GmbH) beabsichtigt, in der CR eine GmbH zu gründen

Auch hier trifft im wesentlich zu, was unter 3.2.1 und 3.2.2 beschrieben ist. Unterschiedlich ist, daß beim Notar bei Erstellung der Gründungsliste (Alleingesellschafter) oder Gesellschaftsvertrag (Mehrgesellschafter) ein notariell beglaubigter Handelsregisterauszug vorgelegt werden muß. Der Auszug muß wiederum in die tschechische Sprache übersetzt werden.

3.3 Errichtung einer Niederlassung in der CR

Im Gegensatz zur Errichtung eines Unternehmens in der CR bleibt bei der Errichtung einer Niederlassung die Firma eine ausländische Rechtsperson. Die Errichtung von Niederlassungen hat bisher in der Praxis keine Bedeutung, da die Rechte sehr stark eingeschränkt sind und eine sinnvolle wirtschaftliche Tätigkeit mit einer Niederlassung nicht realisierbar ist.

3.4 Devisenbewirtschaftung, Gewinntransfer und Investitionsschutz

Devisenwirtschaft
Alle erwirtschafteten Devisen - also 100 % - müssen der SBCS innerhalb von 30 Tagen zum geltenden Kurs der Krone angeboten werden. Der Angebotspflicht unterliegen nicht die Devisen, mit denen das Stammkapital gebildet wurde. Auch hier sind Befreiungsmöglichkeiten gegeben, z.b. für ausländische Beschäftigte im Joint Venture, die uneingeschränkt mit Ausnahme des Devisenhandels über ihre Devisen verfügen, also auch ins Ausland transferieren können. Bei Bedarf können Joint Ventures Devisen von der SBCS ankaufen, um ihre finanziellen Verpflichtungen zu erfüllen.

Gewinntransfer
Der ausländische (deutsche) Partner am Joint Venture kann seinen Gewinnanteil in Devisen in sein Land überweisen. Der Gewinntransfer ist jedoch erst nach Erfüllung der Steuerschulden möglich.

Investitionsschutz
In einem bilateralen Abkommen zwischen der ehemaligen CSFR und der BRD sind zum Schutz und zur Sicherheit der Investoren folgende Fragenbereiche geregelt worden:

- Schutz vor Verstaatlichung oder Enteignung

- Gegenseitige Verpflichtung, daß die Investitionen durch keine diskriminierenden Maßnahmen belastet werden

- Unterstützung bei den Voraussetzungen für Kapitalinvestitionen

- Schutz oder Garantie für den Transfer von Unternehmensgewinnen nach geltendem Kurs

Die Abkommen betreffen Mobilien, Immobilien, Kapitaleinlagen, immaterielle Rechte, wie Lizenzen, Know-how etc.

3.5 Gewerberechtliche Bestimmungen

Seit 1.1.1992 sind neben dem neuen Handelsrecht auch neue einschneidende Bestimmungen für die Gewerbeausübung in Kraft getreten. Die wichtigsten Bestandteile davon sind:
- Definition eines Gewerbes
- Arten der Gewerbe
- Benennung eines verantwortlichen Vertreters
- Ablauf

Definition eines Gewerbes
Als Gewerbe versteht man eine ständige selbständige Tätigkeit auf eigenen Namen und Verantwortung mit der Absicht, nachhaltig einen Gewinn zu erzielen.

Ähnlich wie bei uns ist der Begriff Gewerbe auf bestimmte Tätigkeiten beschränkt. Nichtgewerbetreibende sind wie in der BRD freiberufliche Unternehmer, wie Ärzte, Rechtsanwälte, Architekten etc. Nichtgewerbe ist auch das Bank- und Postwesen, um nur einige Beispiele zu nennen.

Arten der Gewerbe
Es gibt 2 Spezifikationen eines Gewerbes, die sog.

- **konzessionierten Gewerbe**

    dies sind beispielsweise die Gastronomie, Kaminkehrer, Wechselstuben, Antiquitätenhandel etc. Wie der Name schon aussagt, braucht der Gewerbetreibende vom Staat oder von der Gemeinde eine Konzession, die ihn zur Ausübung berechtigt.

- **Meldegewerbe**

  diese unterscheidet man in

  * freie Gewerbe,

    einfache Tätigkeiten, für die keine besondere Qualifikation notwendig ist. Vergleichbar mit den handwerksähnlichen Tätigkeiten nach Anlage B der Handwerksordnung.

  * handwerkliche Gewerbe

    Tätigkeiten, die ähnlich der Anlage A der Handwerksordnung zuzurechnen sind, z.b. Bauunternehmen, Zimmereien, Spenglereien etc. Als Qualifikationsnachweis ist eine handwerkliche Lehrausbildung nachzuweisen. Vorsicht: es gibt eine Reihe von Tätigkeiten, z.b. das Elektrohandwerk, für die eine höhere Qualifikation erforderlich ist. Diese Branchen gehören zum gebundenen Gewerbe.

  * gebundene Gewerbe

    Tätigkeiten, die eine höhere Qualifikation als den Facharbeiterbrief voraussetzen. Dies kann z.b. eine Kesselprüfung, Schweißerprüfung, Aufzugbauerprüfung, Elektro-Elektronikerprüfung etc. sein.

Die Einordnung, welches Gewerbe vorliegt, obliegt dem Gewerbeamt beim jeweiligen Landratsamt (Bezirksamt), bei dem das Gewerbe gemeldet werden muß.

Benennung eines verantwortlichen Vertreters
Für alle Joint Ventures gilt, daß sie ab 1.1.1992 bei einer gewerblichen Tätigkeit einen verantwortlichen Vertreter benennen müssen, der die Qualifikation nachweisen kann, die bei der jeweiligen Art des Gewerbes verlangt wird. Verantwortlicher Leiter muß im Regelfall ein tschechischer Staatsbürger sein. Ausländer sind hier nur zugelassen, wenn sie überwiegend auf dem

Boden der CR tätig sind, das heißt, mindestens 183 Tage im Jahr beim Joint Venture in der CR angestellt sind.

Der verantwortliche Vertreter muß folgende Bedingungen erfüllen:

- Mindestalter 18 Jahre
- Befähigung zur Rechtsausübung
- Unbescholtenheit (polizeiliches Führungszeugnis)
- Qualifikationsnachweis

Ablauf

- Der Betrieb stellt Antrag beim Gewerbeamt des Landkreises (Bezirksamt)

  Ausnahme: bei freien Gewerben manchmal auch nur bei der Gemeinde
- Benennung eines verantwortlichen Vertreters
- Innerhalb von 15 Tagen trägt das Gewerbeamt den Betrieb ein und teilt dem Betrieb eine Identifikationsnummer zu (ICO). Das Amt prüft nach der Gewerbeliste die im Antrag enthaltenen Gewerbetätigkeiten nach und verlangt dafür eine Grundgebühr von 2 000 Kronen + 1 000 Kronen je eingetragenes Gewerbe (+ 2 000 Kronen bei konzessionierten Gewerben). Es prüft auch die Eignung des oder der verantwortlichen Leiter(s).
- Nach Zuteilung der Identifikationsnummer kann ein Antrag auf Eintragung ins Handelsregister gestellt werden.

3.6 Grunderwerb

Ausländer können in der CR grundsätzlich keinen Grund und Boden erwerben. Es gibt jedoch auch hier Ausnahmeregelungen, z.B. im Rahmen von Versteigerungen oder bei Betriebsgründungen (Joint Ventures) auf tschechischem Boden.

Grunderwerb im Rahmen von Versteigerungen

Bei der sog. kleinen Privatisierung (Gesetz Nr. 427/1990) wurden in den vergangenen 2 Jahren und werden auch zukünftig Immobilien versteigert. Die Projekte werden von einem sog. Privatisierungskomitee ausgesucht und zur Versteigerung aufgerufen (1. Runde der Versteigerung).

An dieser 1. Runde können nur tschechische Personen teilnehmen. Ausländer sind hierbei ausgeschlossen. Wird das Projekt jedoch nicht versteigert (erfolgloser Aufruf), kann das Privatisierungskomitee das Projekt erneut aufrufen (2. Runde der Versteigerung). Hier sind Ausländer zugelassen, können also mitsteigern. Es sind mindestens 10 % des angesetzten Wertes bar oder gegen Bürgschaft vorzulegen, mindestens jedoch 10 000 KCS. Bankbestätigte Schecks sind nur von der Kommercni banka oder Obchodni banka zugelassen.

Grunderwerb durch Joint Ventures

Joint Ventures können aufgrund ihrer "Evidenz", also ihrer Anwesenheit und Registrierung in der CR, ungeschränkt Grund und Boden erwerben.

Das Joint Venture muß jedoch eine Schätzung eines amtlichen Schätzers vorweisen. Dieses Schätzgutachten ist Grundlage für die Verkaufsverhandlungen und für die Gebühren und Abgaben des Grunderwerbs. Es ist jedoch nicht unbedingt der Verkaufspreis, der dann mit dem Verkäufer ausgehandelt wird. Schätzgutachten und Verkaufsangebot müssen anschließend dem Ministerium für Finanzen der Tschechischen Republik, Sektion 16, Latenska ul. 15, Praha 1, vorgelegt werden, das dann dem Verkauf zustimmt oder nicht.

Die Schätzgutachten müssen nach deutschem oder österreichischen System und rein technisch aufgebaut sein. Basiswert ist das Jahr 1913 mal dem jeweils gültigen Index. Die Grundstücks-

und/oder Immobilienpreise orientieren sich an vergleichbaren westlichen Preisen und sind aus diesem Grund für die Verhältnisse in der CR relativ hoch.

Grunderwerb durch Beteiligung an in der CR niedergelassenen Unternehmen, die in der "Großen Privatisierung" sind
Diese Unternehmen, die bis jetzt im staatlichen Besitz sind, bieten häufig auch ausländischen Investoren eine Beteiligung an. Diese daraus entstehenden Joint Ventures unterliegen genau den gleichen Vorschriften wie oben beschrieben. Die Genehmigung des Verkaufs unterliegt hierbei nicht dem Finanzministerium, sondern dem Ministerium für Privatisierung.

Weitere Unterlagen zur Tätigkeit in der Tschechischen Republik sind zum Preis von DM 15,- bei der Außenstelle der HWK Niederbayern/Oberpfalz in 94 209 Regen, Bahnhofstraße 1 erhältlich.

Bibliographie des Handwerks und Gewerbes (einschließlich Small Business)
Jahresverzeichnis der Neuerscheinungen 1986
1988. 75 Seiten. Kart. DM 12,80   ISBN 3-509-01481-2
Jahresverzeichnis der Neuerscheinungen 1987
1989. 65 Seiten. Kart. DM 12,80   ISBN 3-509-01505-3
Jahresverzeichnis der Neuerscheinungen 1988
1989. 67 Seiten. Kart. DM 12,80   ISBN 3-509-01530-4
Jahresverzeichnis der Neuerscheinungen 1989
1991. 69 Seiten. Kart. DM 13,50   ISBN 3-509-01576-3
Jahresverzeichnis der Neuerscheinungen 1990
1992. 65 Seiten. Kart. DM 13,50   ISBN 3-509-01588-6
Jahresverzeichnis der Neuerscheinungen 1991
1992. 90 Seiten. Kart. DM 19,—   ISBN 3-509-01608-4

Kontaktstudium Wirtschaftswissenschaft

Arbeitsmarktpolitik
1979. 119 Seiten. Kart. DM 22,—   ISBN 3-509-01152-X
Die Auswirkungen der Verteilungspolitik auf die Klein- und Mittelbetriebe in der Bundesrepublik Deutschland
1979. 178 Seiten. Kart. DM 24,80   ISBN 3-509-01162-7
Wettbewerbspolitik
Chancen und Risiken des Handwerks im Wettbewerb der achtziger Jahre
1980. 100 Seiten. Kart. DM 22,—   ISBN 3-509-01224-0
Auseinandersetzung mit der Zukunft
Die volkswirtschaftlichen Bedingungen des deutschen Handwerks
in den achtziger Jahren
1982. 137 Seiten. Kart. DM 26,20   ISBN 3-509-01286-0
Export und Direktinvestitionen
Möglichkeiten und Grenzen des Auslandsengagements von Handwerksbetrieben
1987. 138 Seiten. Kart. DM 29,50   ISBN 3-509-01458-8
Die volkswirtschaftlichen Rahmenbedingungen des Handwerks in den 90er Jahren
— Chancen und Risiken des Handwerks vor dem Hintergrund veränderter Markt- und Rahmenbedingungen —
1989. VIII/284 Seiten. Kart. DM 48,50   ISBN 3-509-01504-5
Das deutsche Handwerk im EG-Binnenmarkt
1989. VII/172 Seiten. Kart. DM 35,—   ISBN 3-509-01516-9
Ökonomie und Ökologie im Handwerk
1991. VII/209 Seiten. Kart. DM 43,—   ISBN 3-509-01584-3
Auslandskooperationen im Handwerk
1991. VIII/228 Seiten. Kart. DM 44,—   ISBN 3-509-01580-0
Wirtschaftliche Lage und Entwicklungsperspektiven des Handwerks in den neuen Bundesländern
1993. VII/238 Seiten. Kart. DM 48,—   ISBN 3-509-01618-1

Als **Einzelschrift** ist erschienen:
Deregulierung des Handwerks
— Gesamtwirtschaftliche Risiken und Gefahren —
von Gustav Kucera und Wolfgang Stratenwerth
1990. VIII/148 Seiten. Kart. DM 32,20   ISBN 3-509-01556-8

VERLAG OTTO SCHWARTZ & CO · GÖTTINGEN

GÖTTINGER HANDWERKSWIRTSCHAFTLICHE STUDIEN

Band 34: **Die Bedeutung des Gebrauchtwagenhandels für das Kfz-Handwerk**
von Ullrich Kornhardt
1984. VIII/134 Seiten. Kart. DM 19,50. ISBN 3-509-01372-7

Band 35: **Die Finanzierungsproblematik im Produzierenden Handwerk**
von Detlef Heinrich
1985. XIV/374 Seiten. Kart. DM 36,—. ISBN 3-509-01379-4

Band 36: **Die Messepolitik im Marketing der handwerklichen Zulieferer**
von Klaus Müller
1985. X/295 Seiten. Kart. DM 32,—. ISBN 3-509-01389-1

Band 37: **Entwicklungstendenzen im Konsumgüterhandwerk**
von Ullrich Kornhardt
1986. XIII/309 Seiten. Kart. DM 39,—. ISBN 3-509-01418-9

Band 38: **Erfolg von Kooperationen im Handwerk**
von Joachim Sahm
1986. IX/277 Seiten. Kart. DM 34,—. ISBN 3-509-01420-0

Band 39: **Das Messebuch für das Handwerk**
von Klaus Müller
1987. X/155 Seiten. Kart. DM 28,—. ISBN 3-509-01457-X

Band 40: **Die wirtschaftliche Lage des Kunsthandwerks in der Bundesrepublik Deutschland**
— Eine empirische Analyse —
von Ullrich Kornhardt und Joachim Sahm
1988. XIV/171 Seiten. Kart. DM 27,60 ISBN 3-509-01478-2

Band 41: **Neue Technologien in kleinen und mittleren Unternehmungen**
— Auswirkungen neuer Technologien auf die Berufsausübung und Beschäftigung —
von Karl-Heinz Schmidt
1988. XIII/143 Seiten. Kart. DM 28,— ISBN 3-509-01484-7

Band 42: **Strukturuntersuchung im Raumausstatterhandwerk**
— Eine empirische Analyse —
von Barbara Günther
1989. XV/143 Seiten. Kart. DM 29,50 ISBN 3-509-01503-7

Band 43: **Der Europäische Binnenmarkt als Herausforderung für das deutsche Handwerk**
von Wolfgang König und Klaus Müller
1990. VIII/96 Seiten. Kart. DM 24,50. ISBN 3-509-01544-4

Band 44: **Das Exportverhalten von Handwerksbetrieben**
— Erkenntnisse aus empirischen Untersuchungen in Niedersachsen —
von Jörg Dieter Sauer
1991. IX/351 Seiten. Kart. DM 54,— ISBN 3-509-01574-6

VERLAG OTTO SCHWARTZ & CO · GÖTTINGEN